保育の心意気
続々 保育の心もち

秋田 喜代美

分かち合いませんか、ワクワク感と困惑感

ひかりのくに

はじめに

　『保育の心もち』から書かせていただいてきた本シリーズも第6巻目です。日本教育新聞や教育ＰＲＯの連載記事を2009年から8年間継続して毎月書き続けさせていただいてきたおかげでできたものです。本著は、2015年3月から2017年3月までの2年間に書いたエッセーをまとめたものであり、戦後最大の制度改革である子ども・子育て支援新制度開始から開始後2年間の中で、折々に出来事にふれ考えたことを述べたものです。養成校のテキストでも研究書でもなく、保育の場が子どもたちの育ちにとってさらに豊かな場になることこそが最優先の課題と考え、そのために園の皆様に、そして園を支える皆様に直接語りかけるメッセージを届けたいと願って書いてきたものです。

　個人的には、2015年7月には、東京大学大学院教育学研究科附属発達保育実践政策学センターを設立することができ、保育に関する新たな学術研究を志す研究仲間の輪が広がったときでした。社会のニーズに応える多くのシーズとしての研究の種まきを若い方々と共に行ってきました。しかしこのようなうれしい出会いの輪の広がりの一方で、また喪失の悲しみの出来事も数々ありました。その大きな出来事の一つが、一般社団法人日本保育学会で一緒にお仕事をさせて

いただいてきた柴崎正行先生の御逝去です。柴崎先生ご葬儀の会葬御礼文に引用されていた言葉「保育者として、理想的なかかわりを保障してあげられないかもしれない—でも、今、私に、そして私たちにできる最大限のことは努力してみよう、という心意気だけは失いたくはないのです。混乱している時代の中で、自分が何を基盤にして目の前の子どもや保護者とかかわっていくかを考えていただけることを祈っています」を、私は心に刻み込み、より多くの方々に届けたいと思いました。その遺志と祈りを込め、今回の拙著に『保育の心意気』というタイトルを付けさせていただきました。柴崎先生のように多くの実践者との深いかかわりは私には決してできていませんが、常に保育者の傍らにいる研究者の居方を学ばせていただきました。待機児童対策にともなう保育士不足の中で、多忙化は累積的です。でもその中でも子どものためにという心意気と使命感をもった多くの保育者を私は数多く知っています。そしてその人たちへの私からの敬愛とエールとして、この本を手に取っていただけたらうれしく思います。子どもたちの育ちの可能性を最大限に保障し、希望を未来に見いだしながら、智慧の輪を生み出していく地域社会を創っていく一助になれば幸いです。

秋田喜代美

● 保育の心意気 ［目次］

はじめに …………………………………… 2

I 心もちへの窓 …………… 9

持続可能な質の向上 ………………………… 10

新学期の始まり …………………………… 12

保育の質が決まる時期 ……………………… 14

「一流」へ必要なもの ……………………… 16

「つながりの輪」を生む …………………… 18

生涯学習の基礎 …………………………… 20

園独自の理念や方法 ……………………… 22

こだわりをもった遊び …………………… 24

ホームページ作り ………………………… 26

お泊まり保育 ……………………………… 28

学び上手な保育者 ………………………… 30

「ごっこ遊び」を深める …………………… 32

制約を保育に生かす園 …………………… 34

大切にしたいことの変化 ………………… 36

遊びが渦巻く空気感 ……………………… 38

「ほどころあい」と園風土 ………………… 40
自然や物を慈しむ行為 …………………… 42
納豆集団と豆腐集団 ……………………… 44
自ら学び、環境を創る子ども …………… 46
子ども同士の保幼小連携 ………………… 48
節分の鬼への園児の智慧 ………………… 50
子どもの意図を聴き取る ………………… 52
チューリップへの思いを育む …………… 54
環境を支える感覚と保育観 ……………… 56
園固有の決まり …………………………… 58
同僚性を高める働き方 …………………… 60
待たせる保育 待つ保育 ………………… 62
学びの過程を俯瞰する …………………… 64
保護者と保育者の連携 …………………… 66
「技言葉」が保育者を変える …………… 68
保障したい、想像力を解き放つ経験 …… 70
園や地域の強みを遊びの起点に ………… 72
「園パワーメント」による質向上につなげる … 74

Ⅱ PROの心意気 ……………… 77

見える化の効用 …………………………… 78
継続的に考えを共有し語り合うために ……… 81
体力と社会情動的スキルを育む …………… 83
世界の幼保一体化 ………………………… 85
乳幼児からの民主主義 …………………… 87
保育者の専門性の内実 …………………… 90
長期縦断研究と保育の質 ………………… 93
「遊び」を中心とした教育学の理念 ………… 96
園のＨＰと選ばれる園になるための信念 …… 99
生きる力を乳幼児期に育む ……………… 102
海外の幼小連携に学ぶ …………………… 105
園のリーダーシップと空気 ………………… 108
保育プロセスの質スケールを観る目 ……… 111
シンガポールの幼児教育に学ぶ …………… 114
園内研修方法のさまざま ………………… 117
物語る掲示 ………………………………… 120

園の文化とルール ･････････････････････ *123*
「女性の活躍」言説と子育て親塾 ･･････････ *126*
保幼小連携の醍醐味 ････････････････････ *129*
園からの情報発信がもたらす対話 ･･････････ *132*
園のお家芸 ･････････････････････････ *135*
学び上手の保育者が育つために ････････････ *138*

Ⅲ 平成30年改定(訂)から さらなる質向上へ … *141*

「知の共有」実施の手立てを考える ････････ *142*
試行錯誤の過程を考える ･･････････････ *144*
幼児期ならではの教育 ････････････････ *147*
改定(訂)への私の思いと心意気 ･･･････････ *150*

おわりに ････････････････････ *156*
初出掲載誌一覧 ･･････････････････････ *158*

STAFF　装丁・本文レイアウト／曽我部尚之
編集／安藤憲志　　校正／永井一嘉

I

心もちへの窓

● ── 子どもの育ちを同僚や保護者と共有を

持続可能な質の向上

　2015年4月から、子ども・子育て支援新制度が始まりました。多くの人たちの努力によって、戦後初の大きな改革を行うことができました。そして、人生初期の子どもたちのために前より多くの予算が投じられます。量の拡大だけではなく、質の向上にも割り当てられるのです。これはうれしいことです。

　しかし、ここで考えなければならないのは、予算が増えることと、子どもたちの暮らしや遊びにとって真に意味ある保育の質の向上を生み出す変化が、直結しているわけではないということです。その間をつなぐのは、日々の保育実践、保育者同士の関わり、保育者と子どもの関わり、子ども同士の関わり、保護者との連携などのパートナーシップのあり方です。

　持続可能な質の向上は、次々と目新しい改革を追い掛けることではありません。日々の子どもの育ちに応じた地道な保育の中の、注意深く考えた智慧に基づく関わりの中にあります。そして、そのことに透明性をもたせて、園から外部に共有可能なものとして、その知を互いにモニタリングし物語り合うことです。

　この透明性を高める方法の一つが、「見える化」です。「見える化」は単に写真を撮って掲示したり、なんとか形式のワークショップをしたりすることではありません。保育実践とそれに関わる人たちの中に、どんな知のイノベーションと循環を生

み出すか、そのプロセスとサイクルこそが鍵です。園の中での子どもの育ちを同僚や保護者が理解することは、園や家庭の話題につながり、保育者の誇りと子育ち・子育ての喜びにもつながります。また、その出来事が園での活動にもつながったりしながら、保護者と保育者が参画の質を相互に高めていきます。子どもの可能性を強く願い求めることに向けた動きの先には、サービスの質の向上と呼ばれるものとは異なる、地域社会の中で育つ子どものための質の向上があります。

●── 手作りの物で子どもに安心感を

新学期の始まり

　新学期の始まり。担任や保育室も変わる中で、子どもたちにとっても、保育者にとっても、混乱と緊張の時期です。その中で大切なのは、どのように子どもたちが安心できる居場所を見いだせるかでしょう。

　あるこども園の5歳児クラスの先生は、「進級祝いに」と、一人ひとりに名前を書いたカードを用意し、裏に園内や近隣で見られる春の自然物の写真を貼り、ラミネート加工されました。

　子どもたちにとっては、先生が自分のために手作りしてくれたことがうれしいのです。そして、知的な関心の窓がそこで開かれます。同じカードの仲間が4人で集まり、その「花」や「鳥」などについて話し始めると、保育室の絵本や図鑑で調べる子が出ます。また、それまでの園や家庭での経験をもとに、花や鳥をどこで見たかなどを話し始める子どももいます。

　そこには、先生の意図的な環境構成があります。保育者が鳥や花の名前を教えるのではありません。例えば、鳥の写真のくちばしや羽の色を手掛かりに、子どもたちの推測は始まります。5歳児らしく、話し合い、探究していく姿があります。「これかな」「いや、くちばしのいろがちがうよ」。こうした探究の後、園庭や散歩でその鳥や植物に実際に出会うから、実物を見たときの喜びや観察の確かさや丁寧さが生まれます。

　春は、自然物や小動物、昆虫などの息吹にふれることで、子

どもたちの心も落ち着き、癒やされます。その中で、自然物と子どもをどのようにつなぎ、子ども同士をつなぐ環境や活動をどう準備するのか。保育者のひと手間の智慧や工夫、心配りが、年齢に応じた子どもの関わりを保障します。

　皆さんの園では、どんなクラス開きがなされるでしょうか。みずみずしい智慧で新たな学年を始めたいものです。

●── 好きな遊びを見いだす時間を
保育の質が決まる時期

　4月から5月にかけての時期、この園やこのクラスでは何をしていいか、何がいけないかを、子どもたちは自分の行動の中で感じ取ります。

　どの園でも、入園や進級直後には、園やクラスでの安定感、居場所感の保障が求められます。そして、次の時期には、どこまで自分の行動が許されるのかを感じ取る時期になります。「この時期が、園文化や保育観によって保育の方向性と質を決めていく分岐点になる」と、保育園や幼稚園の園長先生たちと研究会で語り合いました。

　こいのぼり製作や母の日プレゼントなども、行事で一斉活動中心にするのか、好きな遊びにじっくり取り組む時間を十分保障しつつ、製作と遊びのつながりも配慮するかの違いに、各園の保育で求めるあり方が見えてきます。

　少し落ち着いてくると、保護者は入園した我が子が友達と遊べているかが気になります。クラス替えがあると、新しい友達ができたかどうかが保護者の安心感につながります。

　一方、一人で何かに向かってじっくり遊ぶ姿を見ると、保護者の方が不安に感じる場合もあります。みんなで遊んでいる、友達ができたという話を聞くと、保護者は安心します。

　しかし、この時期に大切なのは、一人ひとりが園の中の物は自由に使って遊んでいいと肌で感じ取り、本当に好きなことで

遊べる自由感を獲得することですし、好き勝手ではなく何を守るべきかを年齢相応に学ぶことです。この時期に集団をまとめることのみへと急ぐと、子ども一人ひとりの、遊びへ向かう思いや勢いが弱くなります。

　大輪の花や実は、「耕し」や「種まき」なしには育ちません。大型連休前後の時期からの保育のあり方を分岐点と捉え、大事にしたいことを園で語り合い、実行していくことを忙しくても大切にしたいものです。

● ── 日常の小さな積み重ねこそ大切

「一流」へ必要なもの

　私の友人である中学校の先生は、生徒に宛てて書いた学級通信を年度末にまとめて冊子にして、毎年送ってくださいます。その中に、保育につながる言葉が数多くあります。

　今年はその一つに、「一番と一流の違い」という言葉がありました。「一番は一人だけが達し得るのに対し、一流とは、すべての者がいたり得る境地である」。これは「教師十戒」を提唱した毛涯章平先生の説かれたことです。「一流とはその人の心のあり方が、その人の行為が一流であるということだといえる。そのためには、日常の小さな行為をここぞというときに、いい加減にしてはならない。このみんなの小さな一流たる姿が積み重なって、君も僕もあなたも私も、このクラスもあのクラスも、あの学校もこの学校もともに『一流たり得る』のである」と友人の先生は、その学級通信の冊子「凛」で書いておられます。

　私は、日本の保育・幼児教育は国際的に見て質の高い園が総じて多いと思っています。それは、保育者の日常の小さな行為の丁寧な積み重ねによって創り上げられてきたものです。

　新任保育者たちが、子どもたちや保護者、そして保育者たちの幸せのため、この「一流の保育」への心もちが自ら必要なものと思って、園という場で働きがいをもてると感じてほしいと強く願っています。そのためには、先輩保育者がどんな思いをもって日々を過ごしているかが大切でしょう。

「おはよう」「ありがとう」のあいさつや遊びへのいざないにも、一流と二流、三流はあります。物理的に恵まれない条件でも、工夫次第で一流の保育ができます。その振る舞いの智慧が、保育者と園の誇りを育みます。連休気分を少し引き締め、一流の保育へと向かうことができたならすてきです。

● ── 保育を「見える化」する意識から

「つながりの輪」を生む

　園を紹介するDVDなどを拝見したり、頂いたりする機会が増えてきました。保護者に保育をより具体的に理解してもらい、そのために日常の保育での子どもの姿を見てもらいたいと考える園が増えていることはいいことであると思います。

　数年前、中国の上海市にうかがったとき、各園が紹介DVDを作成されているのを見せていただき、そのできばえに驚きました。日本でも心ある園が日々の記録から作る、手作り感あふれるDVDなどが増えてきています。それらは心に響くものがあります。

　DVDは、年間を通して撮りためた写真や映像から作られています。そこには、園が保育で何を大事にしていて、これからどこに向かおうとしているかという展望や価値が見えてきます。

　先日頂いたある園のDVDには、コーナー保育にこだわり、様々な場で遊ぶ子どもたちが夢中になっている姿や遊びの展開が映し出されていました。積み木を思い切り高く積み上げる姿、ごっこ遊びで生まれるユニークな発想、色水を入れたポリ袋を木にぶら下げて多様な色彩を楽しむ姿、葉っぱのジュース作りで一つ一つのカップの中に見られる創意工夫を映像から見ることができました。その各場面に付された言葉も子どもの発したつぶやきが埋め込まれ、最後は「これから先もどんな遊びが生まれるか楽しみです」で締めくくられて終わってい

ました。

　子どもが大きく見える瞬間、つながりがうねりとなって笑顔が広がり、可能性に満ちた瞬間を捉えた映像は、園の保育プロセスの質の高さを示しています。子どもに学び、その園らしい保育を「見える化」して保護者に自分たちの言葉で伝えようと動き始めた瞬間から、そこには子どもの育ちへの希望を中心にした「つながりの輪」としてのコミュニティが始まります。

●── 年齢やクラスを超えた遊びを
生涯学習の基礎

　良質の保育では、「教え─教えられ」の関係ではなく、遊びや暮らしを通して「見て学び合う」「支え合って学び合う」ことを、子ども同士が自然と自分のものにしていることを実感します。

　土や堆肥の中にカブトムシの幼虫を入れた場があります。年長の女の子たちが土から幼虫を取り出し、皿へ山盛りにしています。「あ、うごいてる」と言いながら、じっと見ています。すると、気味悪げにしていた年少児たちもそこに寄っていき、幼虫をシャベルで取り出して皿に入れています。幼虫を手でつかみ、「かたい」「うごかない」と言いながら見ている子もいます。

　子どもたちはじっと幼虫と向き合い、土の中、皿の中を見ながら、自分もお姉さんみたいに集めたいと思っていたりします。遠巻きに見ている子もいます。一人の年長児の幼虫との関わりは、年少児たちが恐る恐るハードルを越えるのを助けています。対象への知的興味とあこがれが壁を越えることを支えます。

　また、あるクラスが紙皿でフライングディスクを作り、飛ばしているのを見て、他クラスの子も関わって遊び始めています。別のところではお化け屋敷ごっこが連鎖し、様々なクラスの関わりが生まれています。「何か面白いぞ」と直観で見ることから、年齢やクラスを超えた遊びがつながります。それをよ

しとして支える保育者と園の雰囲気が、子どもたちの遊びを膨らませ、広げていきます。そして遊び込む渦が生まれ、その空気感が漂います。

　小学校以上では、教室の扉と時間割りで活動が区切られます。園は縛りが緩やかだからこそ、さりげない見る経験と支え合いが学びをくり返しゆっくりと深めています。こうした学び合いこそ、生涯の学びの基礎になります。子どものまなざしの先にあるもの、その交わりを見つめることが、豊かな学びのきっかけになるのです。

●── 子どものいい姿を実践から見いだす

園独自の理念や方法

　シンガポールのミドルリーダー向け幼児教育カンファレンスに呼んでいただき、講演とワークショップをしてきました。同国の幼児教育は就学準備的な色彩が強く、読み書き計算に加えてICTやファイナンシャルリテラシーの指導なども入っています。そして、小・中学校同様、授業研究としての公開保育が現在積極的に導入されています。

　その中で、幼児教育の新たな方法や概念に対する園のあり方を、「4Iモデル」と説明する話をうかがいました。(1) Ignore（無視）(2) Imitate（模倣）(3) Integrate（統合）(4) Internalize（内化）の段階です。

　最初は「私たちには関係ないわ」と無視をして新たなことを学ばない段階。次は、ともかく良さそうだからやってみようと、他園のまねをひたすらする段階。その次は、新たな方法を特定の部分に入れるのではなく、それまで自分たちがやってきた方法とうまくつなぐにはどうしたらいいかを考えて、知を統合していく段階です。最後は、内化される段階では何が新しく何が以前からのことかがはっきりしていたが、その両者が園の中で完全に自分たちの言葉で語られ、理解される段階です。

　「○○法を採用して保育や園内研修をしています」というところから、園独自の理念や方法を生み出し、自分たちの言葉で語れるようにしていくことが、園のアイデンティティや卓越性

を創り、仕事の手応えや使命感を生み出していきます。そのためにできることの一つは、子どものいい姿、可能性を具体的な実践のプロセスの中から見いだし、語り合っていくことです。この結論こそ、シンガポールも日本も同じように、教育に関する専門家が学び続ける際の共通性だと感じました。

●── 我がものにする時間の保障を
こだわりをもった遊び

「子どもが『むり』『もういい』と言ったり、『せんせい、やって』と助けを求めに来たりするときがあります。それは依存したり、諦めているというより、子ども自身が自分の力が見えているときではないか」という話が、ある保育の事例検討をめぐって出ました。

大人も子どもも、自分からやってみたいと思ってやっているときは、「無理」という感覚はありません。一方、外からやるように求められたことには、子どもは「いやだ」という思いや抵抗感をもちます。

文字通り、論理としての理(ことわり)があれば、子どもは自分なりにこだわり続けます。しかし、それがない「無理」な状況だと、諦めも生じやすくなります。子どもの理とそこから生まれるこだわり、時には困り感を保育者がいかに見取り、見守り、意味を見いだすかが、その後の支援につながります。

失敗感をもっている子どもでも、別の機会に何かができて自信が生まれると、「またやってみよう」という気持ちが生まれます。最初は保育者や外から与えられた遊びや活動でも、それを自分のものにしている子は粘り強く関われます。

こだわりたい遊びや大事なものをもつことには、我がものにする時間を保障することが鍵でしょう。

自己を存分に発揮し始める時期には、こだわりをもって取り

組む姿を大切にしたいと思います。塗りたくりや砂場、色水など、素材との関わりを十分にすると、意図や意欲が生まれていく過程が見られます。

　無理のないところから生まれる挑戦心を保障できる環境は、現代の子どもには保育の場しかないことが多いのです。「教育」の言葉で子どもに無理を強いるのではなく、子どもの理が生まれる過程を大事にしたいものです。それこそが主体的学びとしてのアクティブ・ラーニングの起点になります。

●── 遊びの魅力を保護者と共有

ホームページ作り

　保育中の子どもたちの写真を用いた研修の意義を話していることもあり、いろいろな園長先生から「うちではこんなホームページを作っていますよ」と紹介していただく機会に恵まれます。私は、それらを必ず拝見するようにしています。先日の講演後に声を掛けてくださった園では、園長先生が撮影された写真がホームページに新聞として掲載されていました。

　「彼は何を考え、何をしているのだろうか」「帽子を前後ろにかぶるのが彼の標準スタイル」「さすが」

　日々の子どもの一場面を捉えた写真に言葉が添えられています。ユーモラスな問い掛けや語りの中に、子どもを見る目の温かさが伝わってきます。その場でのつぶやきだから、臨場感があります。園長先生が何に魅力を感じているかが見えることは、保護者や保育者と保育観を共有していくことにつながっていきます。

　連日掲載されている写真を続けて見ると、遊びの変化が分かります。例えば、室内に置かれたビニールプールの感触が面白くて、そこに寄ってきた子どもたち。翌日には、ビニールプールの端に乗って体重移動させると、それが起き上がることに気付きます。ビニールプールは水遊びのための物ではなく、子どもたち自身が工夫して自分たちの遊びを行うために使い、自分たちのものにしていく過程が見えます。

学びのみが焦点化され、強調される時代だからこそ、こんな日々の姿から遊びの大切さを肌で感じていくことが大事だと思います。ホームページの充実は、私立の保育所や幼稚園、こども園で創意工夫して取り組まれている場合が多いように思います。個人情報保護の問題はありますが、園は子どもにとってどんな場なのかを社会に向けて発信していく、一つの大切な窓ではないでしょうか。

●── 保護者に響く体験談のお便り

お泊まり保育

　草木が生い茂り伸びるように、夏は子どもたちも大きく育ちます。その頃の行事の一つに、お泊まり保育をしている園があります。

　園舎に泊まる園もあれば、他の施設を借りて泊まる園もあります。それぞれ、どんな催しをするかにもよりますが、家庭とは違う経験を子どもたちが積むことは、達成感や自信を培い、自立を生み出す一つの契機となります。

　寝食やお風呂を友達と共有することは、掛け替えのない思い出となります。それは、人と人が深く親しくなるのはいつなのかを、子ども自身が肌で感じる機会であるともいえましょう。

　また、家庭で子育てをしてきた保護者にとっては子離れの機会でもあります。夜に悲しくなって泣く子も、翌日親元に戻る頃にはひと回り大きくなります。こんな語りは、これまでにも多くなされてきました。

　しかし、ある幼稚園が保護者に宛てて書いたお泊まり保育の写真と記録の視点が新鮮に感じられました。

　「子どもたちがお泊まり保育を乗り越えられた裏側には、家庭での十分な依存体験があり、絶対的な安心の場所として依存できているからこそ、友達や先生と一緒に楽しく過ごすことができたのではないだろうか。また、絶対的な安心の場所（家庭）に守られている子どもたちは、この先に待ち受けているさまざ

まな困難も乗り越えていけると感じた」

　お泊まり保育という行事の意味だけではなく、そこから日々の家庭での暮らしの中で大切なことも保護者に伝えています。体験直後のメッセージだからこそ、保護者にも響く一文になります。

　行事の様子を伝えて終わりか、出来事の意味を読み解くか、さらに出来事を通して日々の暮らしとつなげて意味や価値を物語るか、その語りに園の保育観と見識が表れます。

●── 自らを常に新しくする意識が大切

学び上手な保育者

　夏には全国各地で、団体や自治体による研修が行われます。同じような講座でも参加の仕方で学び上手な保育者と必ずしもそうではない保育者がいると感じながら、参加させてもらっています。

　個人的には、やりとりの応答や感想からどのような聴き方や学び方をされているかを感じることができます。話を聴くときにも、「自分はどう考えるか」「自分ならどうか」を常に頭に置きながら聴いているかどうか、こちらからの問い掛けに対する応答から伝わってきます。講演の場合には、おそらく、聞いて受け流していれば、講師は答えも含め話してくれます。「だからその知識を受け入れればよい」と考えるタイプの学びをする保育者がいます。一方、「私ならこうかな」とか「講師はこう言っているがそうかな」と考えて聴くタイプもおられます。

　おそらく前者の保育者は、自分の思いの枠の中で既に知っていることとか、自分が大事にしていることとつながることを「講師も自分の考えを後押ししてくれた。これでよいのだ」と考え、意識を高めて安心、満足して帰るのでしょう。

　これに対し後者の保育者は、話の内容を見分けたり、聴き分けたりすることで、どこに新しさや違いがあるのかを察知しています。その中で、具体的に何が次にできそうかと自分が思っていなかったことを見極め、そのアイディアを自園や自分の保

育に生かす方法をいつも考えておられます。思いの枠から飛び出し、何かに「出会うこと」ができるタイプです。

　全般に年齢が高い保育者は、前者に傾きやすい傾向を感じます。自らを常に新しくしていく、学び上手の考え方の枠組みをうまく保って、ディープ・ラーニングへと向かいたいと思います。

●── 働く人との接点を増やす工夫を
「ごっこ遊び」を深める

　「保育者が『ごっこ遊び』を設定すると、それを子どもたちは楽しむ。しかし、子ども自身がそれを広げていく力が弱まってきている」という話題が出ました。背景には、子どもに見える大人社会の活気や生活の味気なさが影響しているのかもしれません。

　呼び声がある魚屋さんや八百屋さんで対面して買い物をするより、「バーコードでピッ」に子どもが魅かれて、スーパーマーケットやコンビニエンスストアのレジごっこをしています。携帯電話ショップも人気があります。お医者さんごっこでは、医師役の子がパソコンを眺めて「調子はどうですか」と訊くと、それに応え患者を演じる子がいます。聴診器を当てて対面する医師より、パソコンに向かうせわしない医師の姿を、子どもたちはよく見て捉えているのです。

　そうした中、レストランやケーキ屋さん、パン屋さんなど食をめぐる「ごっこ遊び」は、子どもたちには身近で魅力があります。園での野菜栽培や食育、給食の手伝いなどによる園の豊かな食生活が、「ごっこ遊び」を豊かにすることにつながります。

　地域のお祭りなどの縁日も、子どもたちには魅力的です。そこではお店の品物だけでなく、働く人が活動する姿が身近に見えます。

　また、園には工事関係者をはじめ、様々な働く人が来てくれ

ます。その人たちを意識して関わりながら出会うことで、使う道具に興味をもったり、自分でもやってみたいと思ったりする子どもも出てきます。

　キャリア教育の出発点は「ごっこ遊び」にあると思います。長時間園内にいる生活の中でも、社会で働く人と子どもたちとの接点を増やす工夫を意識することで、「ごっこ遊び」への想像力も膨らむのではないでしょうか。

●── 智慧を出し、対話の中から質が高まる

制約を保育に生かす園

　私の思い出に残る1枚の写真があります。それは、1歳児たちがシフト勤務で後から出勤してきた保育者に、自分たちがやっている面白いことを伝えている写真です。1歳から2歳の子どもたちは信頼できる大人に伝えたいと思い、みんなで力を合わせて伝えています。

　これは、保育者全員が同じ時間に来ているのではなく、長時間保育のシフトの中で、いろいろな時間に保育者が来るからこそ生まれた風景です。私が写真を見て「いいな」と思ったのは、その光景を瞬時に写真に撮り、認定こども園に移行した直後にその意味を問おうとした保育者の感性や判断があったからです。

　保育の場には、様々な制約があります。経費的にも、節約しなければ運営が成り立ちません。そんなとき、ある園が少し遠い場所のリサイクルセンターと提携し、ネジや部品など、子どもが創造力を高め、組み合わせを考えて遊べる素材を購入されました。

　高価なおもちゃと違い、安価ですが安全性や衛生面を考える必要があることから、保育者が自分たちの手で洗ったり、点検したりしてから、子どもの遊びの素材として出されるそうです。そんなふうに保育者が丁寧に素材を扱うことは、子どもたちに物を大切に扱う心を育てることでしょう。

　このように、物が量的に豊富にあるわけではない、多くの制

約がある状況の中から智慧を出し、対話や新たな可能性が生まれている園の姿があります。保育の質というときに、すばらしい建築や豪華な遊具以上に、保育者自身が智慧を出した場やモノから子どもが学ぶことは多いのではないでしょうか。

　生活の質は、人と人、人とモノがつながる網の目のようなこまやかさが埋め込まれた場で、対話が生まれる予感や手応えの中から高まるように思います。

●── 実践と研究の協働を政策に反映
大切にしたいことの変化

　すべての子どもが乳幼児期に良質な経験をすることこそが生涯にわたる幸福な生活の源となることが実証され、それが各国で強調されています。そのためには何が大切かと語る内容に、文化や社会の特徴が表れます。

　オーストラリアでのEarly Start会議に2015年9月に出席してきました。オーストラリア政府が40億ドルの資金を投じて、Wollongong大学等の研究機関内に国の保育研究拠点と地域の子育て支援センターを兼ねた建物を建設し、様々な教育プログラムが行われています。乳幼児だけでなく、特別な支援が必要な児童・生徒も活用しています。センターのお披露目も含め、国際的に著名な研究者の招待講演が行われました。

　「園のカリキュラム内容を構造化して小さいときから語彙を豊かにすることが、経済的に恵まれない子どもたちのあらゆる学びの基盤をつくる」と語る研究者、「自己調整能力やレジリエンシーと呼ばれる柔軟な可塑性が大事」と述べる研究者、「日常の保育者と子どものやりとりこそがカリキュラムと共に鍵になる」と実証的縦断データで説得的に語る研究者がいます。その人たちの研究がそれぞれにその人の国の政策に連結し、無償化や良質プログラムの実施につながっています。

　同時に興味深かったのは、英米豪などアングロサクソン圏の保育は以前は就学準備の色彩が強かったのですが、現在は多彩

な身体運動の重要性が認識され、戸外遊びやアートの大切さ、食育と健康の関係などが強調されてきていることです。日本では以前から実践を通して経験的に分かっていることを、他の国では社会一般に説明できるようにエビデンスを出し解明しようと、実践者と研究者が協働しています。

　グローバルな時代、日本もこうした動きに学ぶことも必要なのではないでしょうか。

● ── 夢中になることで生まれる面白さ

遊びが渦巻く空気感

　深く遊び込んでいるとき、子どもたちの中で面白さ、愉快さがつながり、伝わります。その流れに巻き込まれながら、子どもたちの遊びは渦のように広がり、深まっていきます。夢中になる遊びには、リズムとダイナミズムがあります。

　最近参加した二つの研究会の中で、遊びの雰囲気に関する同じような内容の議論が偶然にも話し合われました。一つの研究会では、物と混然一体となる面白さの中で「遊びが渦巻く瞬間」が語られました。もう一つの研究会では「遊び込む空気感」という言葉が使われました。

　そこには、子ども一人ひとりを丁寧に見取って理解し、思いをつないで働き掛けるという、幼児理解や体験の関連性・相互性という学びに関する言葉のみでは語りきれない遊びの魅力と、そこでの保育者に固有の役割があります。それが、幼児期の保育における遊びの面白さではないでしょうか。

　ある園長先生は「若い頃、この感覚を体で覚えておくといいと言われた」と語られ、「保育者が先走ってはこの空気感は生まれず、子どもたちの中で生まれた遊びのつながりや楽しさの中でだけ得られる渦ではないか」と話してくださいました。

　欧米では、子ども一人ひとりと保育者が向き合うことが質として大切にされます。それは日本も同じですが、幼児期の日本の遊びの面白さは、海外に比べクラスサイズが大きいために生

まれたものとも言えましょう。環境や素材は周到に準備した上で子どもを信頼して遊びを委ね、それを見守りながら保育者もその場に身を置くとき、そこに子どもたちによって生まれる勢いには独自の空気感があります。

　もちろん、この感覚は遊びが熟成したときに生まれます。園の中での技や実感の口伝えと毎日の保育の中から学び取った身体知が、保育の質の高さの中にあります。私たちは、こうした感性の知と技を磨きたいと思います。

●――「ぼちぼち感」が与える機会
「ほどころあい」と園風土

　様々な園訪問で感じるのは、「きちんと感とゆるやかさの『ほどころあい』」。何をどこまで待ったり、任せたり、保障するかという許容範囲の加減に、各園らしさが見えます。

　クラスでの集まりの時間。「追い立てるように一斉に部屋に入れ、遅れた子を注意する園」と「ぼちぼち待っていると、早い遅いはあるが、最終的に子どもたちが自分で集まってくる園」。おそらく後者の方が、様々なテンポの子どもたちに居場所感が保障されます。なぜ集まることが必要か、時に人を待たせて迷惑を掛けたと実感しながら分かっていきます。

　もちろん、園児や保育者の数、園庭の広さ、時間の組み方などで、その加減に違いが生じます。しかし、この「ぼちぼち感」が、子どもたちに考える機会を与えています。

　積み木コーナーでつかみ合いを始めた２人の男子。保育者は、すぐには止めません。いよいよ危ないというときに「○○君、どうした」とひと言。「ごめんなさいをいったのに、いいよっていってくれない」と、積み木を壊して謝った子が涙を流し、相手の首をつかんでいます。壊された側の子は許さず、黙ってにらんでいます。

　「それだけ、壊されて嫌だったんだね」「でも、わざとじゃなかったんだよね」と、保育者はそれぞれの言い分を代弁し、語り掛けました。

保育者はそれ以上、何も言わずに他のところへ去られました。傍らにいた別の子が、泣いている子を慰めるわけでもなく、面白い形の積み木を手渡し、一緒に遊び始めました。しばらくすると、何事もなかったように2人は機嫌を取り戻し、共に笑って遊んでいました。

　しっかり説明し言い聞かせる指導とは違う保育のあり方の中で、子どもたちもともにころあい良く分かり合い、育っていきます。

● ── 園の風土から生まれ、時間を掛け育まれる

自然や物を慈しむ行為

　子どもたちが園庭で遊んでいます。その中に、花壇の地面に落ちた一輪のベゴニアの花を拾い、じっと眺めている子がいました。友達も来て、一緒に見ています。花を容れ物に入れていましたが、要らなくなったのか、地面の同じ場所にそっと戻しました。その園では、花は落ちているものだけを使ってよいというルールがあるそうです。

　園によって、花を摘んで遊びに使ってよい園もあるでしょう。また、果物などを自分で採ってよしとするか、みんなで一斉に採るか、保育者が採るかなど、そこに園の教育の意図が埋め込まれています。最初の園で子どもたちが落ちている花を丁寧に扱っていたのは、乳児期から花をめでるわらべうたを歌っており、花を「いい子、いい子」して扱うことが自然に伝承されるからだとうかがいました。こうした日々の積み重ねが、園の中にある植物との関わり方の作法を生みます。

　別の園では、子どもたちがはしごを出し、自分たちで色付いたカキの実を採る姿を見せていただきました。その園では、子どもたちが、いつ採ってよいのかを判断します。目一杯手を伸ばし、真剣な顔で採った１個のカキを細かく切ってみんなで分かち合い、味わっています。それで終わりではありません。カキのへただけを、紙にセロハンテープで貼っています。採ったカキの数が分かるようにと、子どもたちが考えたそうです。果

物を自由に採るにしても、一つ一つ果物を大切に扱う気持ちが育っていることが伝わってきます。

便利な世の中、家庭では欲しい物がすぐ手に入ります。園の教育でも、成果をすぐに求めたがる保護者もいます。しかし、園の自然や物を慈しむ気持ちは園の風土の中で醸成され、時間を掛けて子どもの心を育んでいきます。この時間の流れがもつ意味を大事に考えたいと思います。

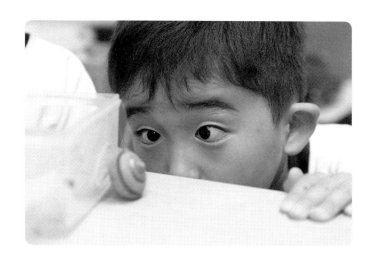

●── 個性を生かす粘りの出る保育を

納豆集団と豆腐集団

　お世話になっているある園長先生から、大場牧夫先生の言葉である「納豆集団と豆腐集団」の話を聴かせていただく機会がありました。納豆は豆の粒がからまりあって粘りを出し、癖もある味を出しています。これに対し、豆腐は色も形もきれいで口当たりもいいですが、元の豆は押しつぶされて見えません。

　子どもたちの園での暮らしを見ると、ある園では一人ひとりの個性を生かし、いろいろな役割や発想を互いに引き出し合いながら遊びを展開する姿が見られます。だからこそ、それぞれの子どもがこだわりをもってつながり合い、やりたいことに取り組むことができています。

　これに対して、いろいろなことに適応させようと型にはめる指導をすると、子どもは言われた通りにできるので大人は安心しがちです。しかし、子どもは自分で見通しをもって動くより、相手に応答をするためだけに動くようになります。時にはそうしたことも大事かもしれませんが、幼児期から大人の圧力で、その子らしさの粒がすり減るような保育では困ります。それは、これからの時代を生き抜く力を育てることにはなりません。自分と友達の違いを知り、折り合いをつけながら、新たな発想をしていく力が育たないからです。

　科研費共同研究プロジェクトの研究仲間たちが、それをリーダーとなる「ボススキル」とフォロワーの「下っ端スキル」と命

名してくれました。納豆集団からは「ボススキル」が育ちますが、豆腐集団からは従順さとしての「下っ端スキル」が育ちます。行列が乱れず真っすぐにするには、先頭を見るのではなく、直前の人の背中だけを見るように指導すればいいでしょう。しかし、それでは子ども本人が歩いてワクワクしません。この「ほどころあい」が、園の散歩の行列や運動会の行進にも暗示的に表れます。

　遠い未来を夢見て、よそ見や道草を時にしながら、その子らしい粘りが出る保育に挑戦したいですね。

●── 他の園を見ることがヒントに
自ら学び、環境を創る子ども

　ある保育者が他園の公開保育研究会に行くとき、子どもたちは「せんせい、ほかのえんのこがどんなあそびをしているかみてきてね」と話したそうです。子どもは、同年代の他園の子が何をしているかについて、興味をもっています。そして、保育者が他園を見てくることが気になることが分かります。他園への研修や出張は、自園にはない新たな遊びを紹介してくれる機会ともいえます。

　その保育者は、環境が設定されている場面の写真を撮って帰り、約束通り子どもたちに見せたそうです。写真には、遊んでいる姿が直接写っているわけではありませんでした。それでも、子どもたちは、面白そうだから自分たちもやってみようと、長い棒や段ボール、積み木など様々な物を集めてきて環境を構成し、遊び始めました。1枚の写真が、子どもたちの創造力を刺激する教材になりました。

　そこで生まれた遊びが「マツボックリ飛ばし、ドングリ飛ばし」です。長い棒の先端にマツボックリを置き、シーソーのように支点を作って棒の反対側を押すと、一方の端に置いたマツボックリやドングリがどこまで飛ぶかを競います。

　その場面の動画を拝見しましたが、とてもダイナミックです。子どもは、マツボックリやドングリを飛ばす棒の長さや幅、高さを変えたり、一度に2個飛ばす方法を考えたりと、様々に

工夫し、発展させていきます。

　1枚の環境の写真から着想を得て、自分たちで面白い遊びを創り出す子どもの創造力。保育者が設定した環境の中で遊ぶことから共同構成へ、さらには子ども自らが園にある場や道具を知り尽くし、自分たちでやりたい遊びに合うように環境を創り出せるように育てていきたいと感じたエピソードでした。

●── 積み重ねが相手を敬い、心通う絆を生む

子ども同士の保幼小連携

　こども園の５歳児クラスに、遊園地ごっこに来た小学校１年生からの手紙全員分が壁に貼ってありました。

　「メリーゴーランドのかさにえがいてあるのがびっくりしました」「メリーゴーランドのうえのやねがわからなかったのに、かさができるなんて１ねんせいもおもいつかなかったよ」「さすがさくらぐみさん、がんばったね」「ジェットコースターのさかが、すごくおもしろかったよ」「コーヒーカップのしたのところがあんなになやんでたのに、すごくできてたよ」（表記原文ママ）

　５歳児が遊園地ごっこの準備をしているとき、乗り物作りで困っていたそうです。例えば、ジェットコースターの坂を作るにはどうしたらよいか、メリーゴーラウンドがうまく回るにはどうしたらよいかなどです。保育者が手を貸すのではなく、１年生が一緒に考えながらアドバイスをくれました。だからこそ、１年生もそれらがどう完成したかが気になります。完成した遊園地に遊びに来て、その後に書かれたのがこの手紙でした。

　手紙は、１年生が５歳児たちの工夫を具体的に見いだして伝えています。自分たちも、遊園地を作ったことがあるからこその視点です。それが、５歳児に誇らしい気持ちを生み出しています。短い文章の中に、心の通い合いが見える内容でした。

　これは、保育者の計画を超えた活動になっています。子ども

たちは心動かされたことを、相手に自分の言葉で伝えています。保幼小連携の積み重ねが熟したとき、子ども同士の中に相手を敬い、心通う絆が生まれます。「学びの連続性」という学習者個人に着目したお決まりの言葉だけでなく、相手に心寄せる生きたつながりの瞬間と関係を私たちは大事にしたいと思います。

●── 遊び心の探究・展開が福を生む

節分の鬼への園児の智慧

　節分直前の園を訪問すると、年長児が年下の子たちに分からないように、こっそり作った鬼の衣装が置かれている場面に出合いました。

　前年、目の前に現れた（園長先生たちが衣装を着た）鬼が怖く、印象深かった年長児。ある子が、「自分たちが鬼の格好をして年下の子のところに行っていたら、本物の鬼が『この園には鬼がもう来ているからいいや』と他に行くのではないか」と言ったそうです。そこから子どもたちは盛り上がり、鬼の衣装を作り始めたといいます。

　次に、年下の子に「遊びに行くよ」という鬼からの手紙を書きました。すると、ある子が「自分たちの字だと怪しまれる」と手書きの手紙を職員室に持ってきて、「パソコンでこれを打って。誰が書いたか分からなくなるから」と言ったとのこと。保育者は、その通りにしてあげたそうです。

　別の子は、「もし、本当に鬼が来たら、乳児さんのクラスは扉に鍵が付いているから大丈夫だけど、3・4歳児クラスは鍵がかけられないよ」と、心配そうに話したといいます。

　4歳の経験が5歳の行事への思いを生み、一人の子の発想にみんなが心寄せ盛り上がります。大人もワクワク感を楽しみます。年長児はパソコンの文字や保育室の鍵など、園生活の中で様々なことを見ています。そして、現実の経験とファンタ

ジーの世界を行ったり来たりしています。そこには、幼児ならではの子どもの遊び心が満ちています。

　ありがちな豆まきとは違う、節分の行事のあり方。子どもの発想を受け入れて楽しみ、探究、展開していくところに保育の分岐点があります。この園には「福は内」といっぱいの幸せが、子どもたちと保育者の手で創り出されています。その福をお裾分けしてもらった、幸せな訪問でした。

● ── 育ちを引き出し、保育者も一緒に成長するとき

子どもの意図を聴き取る

　「保育プロセスの質評価スケール（SSTEW）※」の翻訳本の刊行に合わせ、英国から著者のデニス・キングストン博士をお招きしました。そして、仲間とともに「質のスケール」を学ぶワークショップを開きました。英国や米国の保育者が子どもと関わる場面の映像を見ながら、子どもと、「ともに考え、深めつづける」ために求められることを議論しました。

　特定の活動場面を語り合うことは多いです。しかし、数人の保育者の意思疎通の方法や身体姿勢、立ち居振る舞いに注意を払い、複数の映像を見ながら、保育者のコミュニケーションのあり方を考える機会は意外に少ないのではないでしょうか。

　その場で私は、英米に比べて日本の保育者は子ども同士の関係をつなぎ、遊びを発展させるための支援に注意を向けた対応が多い印象を受けました。他の受講生も同じ印象で、それを日本の保育の良さと私は捉えています。

　一方で、子どもたち一人ひとりの言葉の背後にある意図を丁寧に捉え、それに共感して一緒に問い続けているあり方も、保育者の立ち居振る舞いが、子どもが学び方を学ぶ「メタコンピテンス」の育成につながると感じました。

　コミュニケーションは日常のあらゆる場面で行われ、次々に消えていきます。だからこそ、そのやりとりを文字にとどめ、子どもの思考をどう深めたかを考える機会は少ないと感じま

す。しかし、こうした場面の映像を小学校の教員や保護者と一緒に見ながら議論するならば、連携が促され、保育者の専門性が見えてくると思います。

　子どもの意図という、大人が聴こうとしなければ聴こえない声。その一人ひとりの声を大切に聴き取り、思いや考えを一緒に深められるように専念すること。これが子どもの育ちを引き出す瞬間であり、同時に保育者も伸びるときであると思います。

※　『「保育プロセスの質」評価スケール——乳幼児期の「ともに考え、深めつづけること」と「情緒的な安定・安心」を捉えるために』　イラム・シラージ、デニス・キングストン、エドワード・メルウィッシュ（著）　秋田喜代美、淀川裕美（共訳）2016.明石書店

●── こまやかな取り組みから見える保育観
チューリップへの思いを育む

　子どもたちが、チューリップの球根に水をやっていました。一人の男の子が、2センチほど出てきた芽をひとさし指でそっと触り、「かたい」とつぶやいています。この子は、葉が巻いて出ている芽の様子に心を動かされ、その成長を楽しみにしています。他の鉢には、芽がもっと伸びているものもあります。だから、やっと出てきた自分のチューリップの芽を、慈しむ気持ちがあるのかもしれません。自分の鉢だからこそ生まれた愛着です。

　傍らの花壇にもチューリップの球根が植えられ、「ちゅーりっぷ」と書かれた立て札が立っていました。そこには、昨年その花壇で咲いたチューリップの写真が一緒に付けられていました。水やりなどの世話をしながら、花が咲くときを子どもが具体的にイメージして、楽しみに思う心を育てたいと保育者は考え、立て札に写真を付けたのだろうと感じました。デジタル化時代だからこそのひと工夫です。

　花の立て札一つでも、そこには園の保育者の意図が埋め込まれています。札は立てない、保育者が植物の名前を書く、子どもたちが自分で描くなど、様々な園があります。別の園では、「ちゅーりっぷがうわっています。ふまないでね」と、年上の子が年下の子に宛てて書いたメッセージを花壇に立てていました。

　球根を埋めてから花が咲くまでの間、子どもたちにどんな経

験や思いを育てていきたいかという、その保育者の見通しが、子どもと花をつなぎます。立て札に写真を付けた園では、花が咲くのを心待ちにした子どもたちが春の訪れを喜ぶ姿を大事にして、翌年のことも考えて花咲くときを写真に収めたに違いありません。園が共有する保育観は、園庭をはじめ、一つ一つの場の中にあります。このこまやかさから保育の中で育みたい資質は見えてきます。

●── 子ども目線の環境構成が可能性の発見につながる

環境を支える感覚と保育観

　日本学術会議フォーラム「乳児を科学的に観る＝発達保育実践政策学の始動」(2016年3月開催)の第一部「保育環境のあり方を問い直す」に参加し、環境を専門家の目と智慧で考える面白さを実感しました。私たちは暮らしている環境の中に適応し、なじんでしまっていることが多いのではないでしょうか。音について、毎日大きな音が響き続ける空間に慣れてしまうと、子どもが持つ微妙な音の違いや変化に耳を傾ける機能が奪われていることに気づかなくなります。

　保育建築も、毎日使っている場所だと「この場はこう使うもの」と考えてしまい、必要に応じて扉をつけたりはずしたりなど、「もっとこうなったらいいな」という機能を中心に、子ども目線で見直す目を失ってしまっています。

　モノについても、「保育に使う素材や教材はこういうもの」という既成概念から抜け出し、問い直すことが難しくなっています。遊びの素材だけでなく、食材をはじめとした生活の素材も同様です。

　保護者と保育者が共に参画し、子どもを主体に創り変え続ける場として保育環境を捉えること、チームで意見を出し合うことが大事です。議論やワークショップで終わるのではなく、ものづくりや空間づくり、料理づくりなどに自ら取り組んで検証してみること。それが、遊びや暮らしの環境を構成する醍醐味

でしょう。

　心身の適応上、子どもには変化だけでなく、安定した環境が大事です。モノや場を我がものとして子どもが使いこなしていく基本には、安定と反復があるという視点も欠かせません。年度がわりに目や耳、心をリフレッシュし、子どもがより主体的に参加できる環境構成に取り組むことが、新たな出会いと彼らの可能性の発見につながるでしょう。

●── 考える保育が子どもの主権者としての自覚を生む

園固有の決まり

　新学期。園は大忙しです。この時期は、園の約束事を子どもたちに伝えることが多い時です。「…しようね」という言葉より、「…しないのよ」という制限と禁止の言葉で注意をする姿をよく見かけます。しかし、園の決まり事には、園以外も含めていつでもどこでも守るべき道徳とは別に、園固有の様々なルールがあります。そのルールの多い少ないは園によって異なり、園の風土を創り出しています。

　そのルールに無自覚な子が、注意されます。「ここまでは上履きで出ていいが、ここはダメ」「外に出るときはここで帽子をかぶり、戻ってきたらこのかごに入れる」など、保育者が子どもを動かしやすくするための手順としての決まり事です。

　そのルールはなぜ必要かを尋ねたり、説明したりする保育者と、守るのが当たり前と子どもに意味を考えさせないままの保育者がいます。「みんながここに置いてくれると、次も取り出しやすいね」と言葉を添える先生と、物を片付けない子を注意して終わる先生では、子どもの経験は異なります。

　さらに言えば、決められたところに片付けるルールを守るための保育と、みんなが次に使いやすくするためにどう工夫しようかと子どもたちが考える保育は違います。「この片付け方でもいいけど、もっと良い方法はないだろうか」と多様な可能性を示し、子どもに相談する保育者もおられます。子どもたちか

らは、ユニークな発想がいろいろ出ます。もちろん、時期や年齢にもよりますが、みんなで考えて作る暮らしのルールがあることを、この時期に確認したいところです。それが市民性の育ちを保障すると考えられます。

　保育者の言うことに従順な子を育てる保育と、主権者として自分たちで生活を考える保育の分岐点は、こうした小さな事柄の一つ一つの中に埋め込まれているのです。

● ——「誰かはやるべき仕事」に深い学びが生まれる

同僚性を高める働き方

　私の友人である中学校の先生は、学年便りを出し続けておられ、それをまとめた冊子を毎年送ってくださいます。その内容は中学生や保護者に宛てて書かれたものですが、保育に通じると思うことも数多くあります。

　昨年度の学年便りの中に、「働くということ」と題した文章がありました。「仕事には３種類ある、(1)私がやるべき仕事、(2)あなたがやるべき仕事、(3)誰かはやるべき仕事。この(3)の仕事を私がやると、自然に信頼が高くなり、そういう私がたくさんいる職場は和やかで助け合う良い職場でありうる。働くとは、傍(はた)を楽にさせると言うから」という文章です(一部抜粋)。

　私の知っている園でも、自分のクラスのことで余裕がない時期に開かれる研修などで、事前の準備や終了後の片付けといった裏方の仕事にも率先して取り組む人を目にします。保育室以外の掃除、掲示、園庭管理などでも、同様のことがあるでしょう。

　私は、同僚性を高めるための研修の重要性を訴えている一人です。しかし、研修だけでなく、こうした日々の保育の仕事の中で場に応じて気を利かせながら働くことこそ、園の良い雰囲気を創り出すと思います。保育はケアと教育の仕事であり、その本質はケアし、ケアされる互恵的な関係から生まれます。保育者の間にも、子どもとの間にも、そのような互恵的な関係が

あって初めて、人は学ぼうとし育つと感じます。

　こうしたことは、責任と分担・分業の議論にはなじみません。子どもや他の同僚が求めていることを察知し、すぐに動こうとする意志があっての関係です。チームとしての園のアクティブ・ラーニングは、(3)タイプであってこそ、そこに深い学びが生まれるように思います。

●── 子どもが心待ちにするような配慮を
待たせる保育　待つ保育

　新緑が心地良い季節には、屋外での活動も増えてきます。集団で行う活動の中で、個人の活動ペースの違いによって、子どもを待たせることが増えてくる頃です。

　「待つ」とは、自分の時間と他者の時間の違いに、子どもや保育者が気付くときです。哲学者の鷲田清一氏は著書『「待つ」ということ』(角川選書 2006)の中で、意のままにならないもの、自分だけではどうにもならないものと接しつつも、そこに期待や希いや祈りを込め手放さずにいることと述べています。園では、保育者が子どもの思いに沿って待つより、保育者側の都合で子どもを待たせていることが多くないでしょうか。

　ある園の運動遊び。保育者は運動をしている子を指導していますが、周りの子は何もせずに待たされています。帰りの時間、早く支度した子は、遅い子のために延々と待たされています。関わっている保育者は、ある子を指導しているのだからという思いの方に気が取られ、静かに待っている子たちをただ待たせているだけの場面を見ます。

　また、保育者の決めた予定時間を超えたときに待てず、せかす保育もあります。それでは子どもたちは、園のルールを守る従順さを身に付けていきますが、自分で見通しを立てる力は育ちません。

　一方で、子どもが心待ちにする保育もあります。前日の遊び

を続けたいと待ちきれない様子で登園する子、「動物の赤ちゃんが生まれるかな」「花が咲くかな」とその瞬間を楽しみに待ち続ける子、お店ごっこで友達が道具を作ったりお客さんが来たりするのを待つ子…。そこに生まれるのは、これから訪れる出来事への期待と、他の人や物に心寄せる思いです。

　こうした、子どもが心待ちにする保育にするために、園や保育者の配慮の機会が増えることを希望したいところです。

●── 振り返りに活用し、実践へつなぐ
学びの過程を俯瞰(ふかん)する

　保育者の資質向上のために、多彩な研修機会が提供されています。各自治体・団体や園の方針によって、取り組む研修の内容も異なります。現代的課題に関する講義を聴くことから、他園を参観すること、参観した保育を振り返り語り合うこと等まで、様々です。資質向上につなげるためには、保育者自身の意欲と学びたいことを選んで学べる環境が大切です。

　しかし、時間の制約で研修を受けて終わり、あるいは研修報告をして終わりという園も多いようです。一方、研修俯瞰図を使って、各自の学びの道筋を振り返っている園もあります。これも、俯瞰図を使って終わりの園と、振り返りや次への見通しに活用している園があります。

　尊敬している園長先生から、「園長も主任も職員もみんなで研修俯瞰図を見て、どんな研修を受けてきたかの履歴を眺め合う。そして、自分の受けた研修の好みや偏りに気付き、見通しをもって『今度はこんな内容の研修を受けよう』と、学びの履歴と展望を語り合っている」とうかがいました。園長・主任・職員が一緒に履歴と展望を語り合っているから、すごいと感じます。

　学び続ける保育者、有能な園づくりのためには、風通しよく、見通しよく、停滞せず、新たな知識がつながり、統合されていくことで、職員の意欲が高まることが大切です。研修もこなすだけで終われば、自分のものになりにくいでしょう。

最近、保育の「見える化」が語られることは多くなりました。しかし、多くの職員が一丸となって子どもを育てていく園だからこそ、園長や保育者が自らの学びの履歴を「見える化」し、それを手掛かりに学んだことを振り返り、日々の実践とつないでいく仕組みづくりが求められているのではないでしょうか。

●── 社会や文化による違いを再認識

保護者と保育者の連携

　2016年5月にシンガポール国立図書館で開催された「アジア子どもの本と文化フェスティバル」に招かれました。その中で、現地の幼児教育に携わる園関係者3人と、パネルディスカッションをさせていただいてきました。

　私は、日本の保護者が園の保育に参画する方向性として、保育参加や一日保育士体験、保育環境創り、文化生成への保護者参画の取り組みを紹介しました。同時に、園から家庭への流れとして、園での姿から子どもの理解を深める様々な工夫や子育ての喜びを分かち合う姿を伝えました。

　一方、他の方々の話を聞いて、学力に敏感な国では、保護者が学力向上につながるための情報を得たり、提供したりすることが、子育てのプレッシャー解消に求められていると感じました。そうした社会ニーズの違いもあり、保育においても子どもの心情理解を進める方向とは対照的な、園の活動と家庭教育をどうつなげるかを語る方向が議論の中心になりました。

　シンガポールでは、家庭での親子のコミュニケーションのあり方などを園が丁寧に説明し、保護者を支援しているという話を聞きました。背景には、文化的環境や経済階層による子育ての仕方の違いという、多文化状況でグローバル化する国が直面する課題があります。保護者に求められることは社会や文化によって違うことを再認識し、日本でも園が取り組む連携の内

容と保育観の関係を意識する必要性を感じました。

　そのパネルディスカッションの中で、高齢化に向かう社会では、保護者と保育者だけでなく、祖父母も連携し、働く保護者や地域の子どもをどう支えたらよいかも、ねらいに入れた議論が必要という意見が出されました。グローバル化、高齢化が進む社会で、園と地域の連携のあり方も変わっていくだろうと実感した機会でした。

●—— 子どもが安心する姿勢
「技言葉」が保育者を変える

　子どもたちが一斉に集まる帰りの会。入園して数か月の子どもたちは、まだテンションが高く、落ち着かない感じがあります。椅子に座った若い保育者は子どもたちに話を聞いてもらおうと、前かがみの姿勢で一生懸命話し掛けています。でも、子どもたちはなかなか落ち着きません。
　「こんなに距離が近いと、子どもたちは先生を見上げる形になり、子どもの頭の上を先生の声が通過してしまう。先生は、一瞬黙ってみればいいのに」と私は感じていました。
　その場面を研修で振り返ったとき、園長先生はこう話をされました。「みんな、椅子に座っているときに足はどうしてる？　子どもが話を聴こうと落ち着いているクラスの先生は、椅子に座ったときに足が少し前に出ている。指導しよう、注意しようと思ってる先生は、椅子に座っても足を引いている。だから、すぐに立ち上がって、子どもに向かって上から言葉が出る。でも、子どもは敏感に先生の体や声を感じている。先生がゆったりと足を少し前に出して、おなかから声を出しているときには受け入れてくれる。みんなを見てくれていると感じるから、落ち着いていくんですよ」。自分でも、座ったときの足の位置で、姿勢と意識が変化することを感じます。リラックスしていると体がゆるみ、足も前に出ます。ゆったりとした、子どもたちとの語らいもできます。保育者が押すと子どもは引き、保育者

が一歩下がって身体をゆるめリラックスすると、子どもは安心して身をゆだねます。

こうした関係を、若い先生にどう伝え感じ取ってもらうのかをこの園長先生の言葉から私は学ばせてもらいました。子どもたちとの関わりの中での身の置きどころを伝える具体的な言葉、実践感覚をもつ「技言葉」を相互に磨き、豊かにしたいと思います。

●── 想像世界を生きる幼児期
保障したい、想像力を解き放つ経験

　園外保育で出掛けた湖畔で、5歳児が鉄の輪っかのようなものを見つけました。「何だろう」。保育者は、「『アーク』という、湖の神様が使うパワーをもった道具に違いない」と語り掛けました。そのことで、目の前の不思議なものに魅かれた子どもたち。園でも、同じ形をした自分たちの「アーク」を作ったり、首に掛けたりして遊び始めました。こうした、「イメージの世界を楽しみ、非日常のファンタジーの中で遊びが広がること」について、研究会の先生方と議論しました。

　5歳児の中には「神様なんているはずがない!?」と、半信半疑の子もいました。それでも、信じる子たちと一緒に遊ぶ中で神様になりきって、ファンタジーを楽しむことができます。これは、幼児期の教育ならではのことです。

　小学校以上の教育では、知識や事実を教えることが重視されます。そのため、非日常の世界に入ろうとするなら、授業で現実世界に引き戻されます。

　実は、「アーク」は、ボート用オールの留め具のことでした。「『湖にあるボートの部品』と伝えても学びが深まらない」と考え、子どもと一緒に想像世界を生きることを選択した保育者の判断で、遊びは広がりました。

　子どもは、落ちている物を拾うことが大好きです。大人は、「汚いし、危ないから、拾わないで」という指導をすることが多

いでしょう。しかし、拾ったものにワクワクし、そのものの過去に思いをはせたり、そこから新たな意味を見いだして共有することは、遊びを深めます。幼児期だからこそ、保障したい経験です。

　大人がこうした経験の意味を考えることが、未来を自分の手で創り出す子どもを育てることにつながるのではないでしょうか。子どもも保育者も、想像力を自由に解き放てる園文化をもちたいですね。

●——「お家芸」による質の向上
園や地域の強みを遊びの起点に

　ある園長先生が、子どもたちが毎年取り組む自園独自の工夫のある遊びを「お家芸」と呼び、紹介してくださいました。年上の子の楽しんでいる姿を年下の子が見るので、自然に継承されていきます。でも、年下の子はそこにひと工夫を加え、さらなるバージョンアップをさせていきます。子どもの発想から生まれた自園らしい遊びを、園文化として大事にしたいと思います。

　いろいろな地域で保育者の皆さんに会うたびに、「他の園ではあまり見られない、皆さんの園ならではの遊びはどんな遊びですか」とお尋ねしています。そこには、それぞれの地域ならではの独自性がある姿が現れるから面白いのです。

　先日うかがった、三陸海岸沿いにある漁業の町の園では、「ウニ採りゲーム」を聞かせていただきました。新聞紙で作ったウニを採るゲームだそうです。「この地域の『おすし屋さんごっこ』では、回るおすしではなくカウンターからおすしが出てくる」と、笑いながら教えてくださいました。別地域の山間部にある園の先生は、「林業が仕事のお父さんたちと一緒に、運動会で、本当に木を切る『きこり競技』をやるんですよ」と話してくださいました。

　その園や地域ならではの素材、住民の仕事や生活は、子どもたちの遊びに現れます。誇りがあるからこそ、さらに面白くと

いう工夫が生まれます。自園の文化的な強みを生かした「お家芸」からは、いろいろな知恵が生まれ、深めることができます。

　保育の質を客観的基準で保証するとともに、さらなる質の向上を文化的実践を通して図ることが重要です。「お家芸」を大事にした上で、そこに子どもたちがひと工夫を加えることがワクワク感を生み出し、質の向上につながっていくと感じます。それぞれの園や地域がもつ特徴的な強みを、遊びを起点として捉えたいと思います。

●── キャリアアップは何のため?

「園パワーメント」による質向上につなげる

　保育士・幼稚園教諭の処遇改善の議論が報じられています。しかし、処遇改善の金額だけが一人歩きしており、その配分方法も含め正確な情報が十分に伝わっていないことや誤解が生じる可能性を危惧している園関係者も多いことでしょう。

　専門家である保育者の社会的地位が向上し、労働に対する妥当な対価が支払われることが求められ続けています。処遇改善は、その第一歩です。しかし、この改革でこの点と併せて大事なのは、セットで実施されるキャリアアップ研修体系構築の目的や理念が共有されていくことではないかと考えます。

　個人が園外で指定の研修を受けることで知識を増やし、それによって専門性があると認定されて加算分が支払われるという制度だけでは、国全体の保育の質の向上につながりません。この点にもっと、目を向ける必要があります。給与と質の向上の関係、研修と質の向上への道筋が問われなければなりません。

　一人ひとりが、園内担当チームのリーダーとして自分の専門性をさらに生かし、各園の「実践知」の活性化に貢献する、それは、協働分散型リーダーシップの理念であり、ミドルリーダーからの園改善です。

　園長のビジョンとリーダーシップは、とても大切です。それに加えて、保育者一人ひとりがキャリアを積み重ね、役割や得意分野を見つけて同僚から認められ、ミドルリーダーとしての

責任と使命感をもって仕事をリードすることが求められます。それが「園パワーメント」(園としてもっている組織力が十分に引き出され、発揮できる)となり、保育者みんなで育ち合う園創りにつながります。

　キャリアアップ研修は、その駆動力になりえるでしょう。子どもたちのため、保育の質の向上につながる道筋に、もっと心を留めてほしいと願っています。

II
PROの心意気

●── 双方向の対話のために見える化を
見える化の効用

　保育における日々の実践は流れとともに消えていきます。その一瞬を記憶にとどめるために、写真や文字記録に収めることで改めて見えるようにする見える化がデジタル社会になって容易にできるようになっています。見える化ということは、保育や教育の業界ではいろいろなところで言われるようになっています。しかしそれを体系化して整理してみることが必要でしょう。ただ写真を撮って貼って出来事を伝えることを見える化と呼ぶところもあれば、より長期的にプロジェクトの展開の流れなどを示すような見える化もあります。また特定の子ども、特定の活動、特定の場での出来事など、いろいろな焦点での見える化が行われています。それによって、検討できることは異なっていることを意識化することが大事です。

　ある園では、その日の出来事を日中写真で撮ったものを保育者が掲示するだけではなく、そこに子どもたちもコメントをつけたりして参画して、振り返り活動の一部として掲示を出しておられます。またある園では運動や行事などのときに発表に至る過程をずっと収めておくことで、皆で展開や育ちの振り返りをしています。そしてその風景も含めて見える化することで、保護者に成果だけを見に来てもらうのではなく、保育のプロセスへの理解を深めてもらうという工夫がなされています。

　また情報提供だけではなく、脇にポストイットなどを用意し

ておくことで保護者の方からも園に宛ててコメントを貼ってもらえるようなひと工夫をしておられるところもあります。まさに双方向での対話です。また出来事を中心にするだけではなく、保育者の方で今年はこんな場面を取り上げようと課題意識を共有している園もあります。例えば、子どもの気付き、子ども同士のやりとりなど特定のことについて、写真とエピソードを組み合わせて記録することで、その特定の事柄への理解を深める振り返りの実践研究へとつなげている園もあります。

　このような見える化の活動は、園の理念や大事にしていることを保護者に伝えていく働きとともに、保護者からの具体的な意見を取り上げやすくする機能を双方向的に果たしています。また同時に、それは園内研修の特別の日を設けることはなかなかできなくても、ある課題意識を保育者相互に日々もつことができるという意味では、保育者間の同僚性の絆を高める働きもします。ある園ではお互いに作成した見える化掲示を持ち寄ることで、もっとこういう視点で言葉を添えたら分かりやすいなど、相互の掲示の工夫を学び合うことで高め合うことを意識されている園もあります。そしてこのような見える化は、振り返りだけではなく、子どももまた掲示を見ることで自信や誇りをもったり、その場や活動に対する愛着を育てることにもなります。また一緒に振り返ることで、同じクラスの子どもと子どもをつなぐ働きもします。またさらにクラスを超えて、異なるクラスの子どもと子どもをつなぐことも可能にしていきます。しかしまた一方で見える化はスポットライトです。見えない

影の部分にも時には誰かが気を付けて日の光を当ててみたり、また見える化しづらいけれど大事にしたいこと、見失ってはならないことは何かを考えつつ、見える化のためのノウハウや道具だけに押し流されることなく、その働きや目的を自覚化していくことが、これからの見える化には問われています。

●── 保育の質と保育者の言語的関わり
継続的に考えを共有し語り合うために

　英国での効果的な幼児教育、初等・中等教育の長期縦断研究（EPPESE）で著名な、ロンドン大学のイラム・シラージ教授が、東京大学で開催した2015年3月の第26回日本発達心理学会大会に来日されました。最近シラージ教授は、「ともに考え、深めつづけること」Sustained Shared Thinking（以下SSTと略）を良質な保育プロセスの質向上のために大事であると考えられ、そのための尺度を開発されています。また同時に、子どもだけではなく、保育者同士の学びの過程においても、語りの場で、このような継続的に協働し考え続けるSSTのような心理過程が求められており、その過程には大人も子どももなく共通する部分があると、インフォーマルな対話の場で拝聴しました。

　では、このSSTを支える具体的なプロセスとはどのようなものでしょうか。教授は数多くの遊びの過程で「よい保育good」と「とびきりよい（卓越している）保育excellent」の差異を観察から導き出そうとされました。質の低い保育を指摘することはできても、標準的に良いものをさらに良くしていくところの方が、より緻密な分析が必要になると言われました。そして、子ども始発だが大人がそれをつなげ深めたり広めたりしていく活動をSSTとして位置付けておられます。複数名の子どもたちが、自分たちの暮らしや遊びに必要な課題を解決し、それを通して考えたいことの概念を明確にするようなメタ

認知活動を行い、活動を評価し、語りながら視野を広げるといったことがプロセスとなります。そのためには、会話するときにも、「はい、いいえ」だけの閉じた質問ではなく、保育者自身が子どもたちに対して「なぜどのように」「どんなふうに」などを問い、開かれて考えを出し合い、発展させ広げていける質問をすることが大切です。また、「言い換える、代弁する」などの活動を行うことで語彙や概念化をしたり、子ども自身で考え続けていける活動へのガイドを行うことが期待されています。

　こうした保育者の役割に焦点を当てているのは、英国や米国では、養護的なケアの部分は手厚いのに対し、教育的な視座で子どもの遊びの中での学びを保障していく点の保育の質が弱いため、ただ自由に遊んでいるだけでよいのかという問題意識が背後にあるからです。特に英国では、経済的に恵まれない階層に対して2歳半からの教育費の無償化が行われてきています。だからこそ公的投資への説明責任として、教育的な側面への関心がもたれているのです。シラージ教授が何度もくり返していたのは、小学校と同じ教え方で幼児教育でも授業をするという意味の教育では決してなく、遊びの中で子どもたちが探究し考え続けるようなあり方とはどのようなものかを考えることの重要性です。自由な遊びの中だからこそ、複雑な思考や高度で開かれて考えを発展させたり検証したりするために工夫することが生じます。保育者がその教育的な専門性をより発揮するべきであり、それが保育者の社会的地位向上にもつながると考えているからです。

●── 身体を動かす遊びを
体力と社会情動的スキルを育む

　幼児期運動指針でも「幼児が様々な遊びを中心に、毎日、合計60分以上、楽しく体を動かすことが望ましい」と、園だけではなく家庭に向けても伝えられています。

　それは発育や健康にとって重要という身体面の機能発達だけではありません。子どもの認知的能力とともに、挑戦する意欲や自信、ルールのある活動を行うという自己調整能力等の社会情動的な面での発達でも大事です。近年では認知的な能力や身辺自立の生活能力だけではなく、社会情動的スキルという名前で言われている自己調整能力や忍耐力などの成し遂げる力や、協働性など人とうまくやっていく行為、そしてレジリエンシーと呼ばれるような、新たな環境に対してうまく適応ができたり、失敗しても粘り強く逆境に立ち向かったりする可塑性なども培うことが求められています。

　最近の様々な研究をみてみると、遊びの中でも挑戦的な活動の中にはダイナミックに動くことの中で生まれることも多く、できるかどうかがすぐに他者から見えるだけに、運動は対人関係能力とも関わってきます。つまり幼児期には運動が好きということが仲間からの承認ともつながってきます。運動能力が低いと園での活動量も低いとも言われています。それだけに特定の運動遊びによって優劣を競うのではなく、様々な側面の動きを引き出すような運動遊びを行うことによって、子ども

の得意や工夫を引き出し、皆が認め合えるような関係を形成しておくことが、クラスの中での対人関係を豊かにし、社会情動的スキルを育むことにもつながると言えるでしょう。ワクワク楽しく誰もが関われることが大事です。そしてそれは特別な時間を設定して体操教室の先生に教わるよりも、日常生活の中での遊びにおけるくり返しこそが意味をもっていることも実証されています。

　そのためには、どのような環境を保障するかはとても大切です。いつでも取り組める場といろいろな動きを引き出す意図的な遊具の選択と設定が大事になります。例えばある園では、全身に力を込めたり腹筋や背筋を使う動きを引き出すためにはボディーボードや相撲、斜め台、バランスボール、体支持用巧技台を、また集中して物を見ることができる動きのためにはおはようタッチ、ボールタッチ、的当てを、またバランスを取る動きや膝・足首を柔軟に動かす動きには立ち幅跳びライン、巻き芯、けん玉を、意識してカリキュラムに組み込む工夫をされているということをうかがいました。また現在ではいろいろな自治体で運動プログラムなども組まれています。社会情動的スキルは友達との関係で、運動能力は運動プログラムで、と分けるのではなく、それらの総合的な関係をみつめていくことが遊びを豊かにし、子どもに自信を培い、深い関わりを生み出すのではないでしょうか。十分に戸外での運動遊びを保障したいものです。

●── 道半ばの一体化

世界の幼保一体化

　子ども・子育て支援新制度が始まった直後、実際の場では市区町村によって対応に様々な違いがあり、混乱が生じたり、加算分の経費執行の遅れの関係でもいろいろな事態が生じたりもしました。自治体側、園側にとっても大きな改革であり、保護者も含めどこまでの人がどれだけこの改革の背景にある目的や仕組みを理解しているかが、これからの安定に直接関係してくるでしょう。期を同じくして2015年5月に開催された第17回OECD乳幼児教育ネットワークでは、韓国の幼保一体化のヌリカリキュラムや欧州での幼保統合の動きなどの話を聞く機会がありました。また、その翌週に開催された日本保育学会第68回大会でも韓国の幼保一体化の動きについてのお話を韓国から招聘した講演者に聞く機会を得ました。そのような展望をもって今回の新制度をみるなら、改革としては道半ばの途中段階にあるという思いを強くします。そしてこの新制度が保護者、子ども、保育者の誰にとって便利がよくなり質の向上が本当に図られたのかを検証し考えてみることが大切でしょう。

　各国の一体化には7つの次元があります。それらは①管轄行政や規制の次元、②施設制度の次元、③財源等の次元、④カリキュラムの次元、⑤情報公開等の次元、⑥教員や保育者等保育にあたる人の次元、⑦評価等のあり方の次元です。また国際的にみると地方分権化の強い国、中央集権の国、また複数施設

制度が乳児と幼児で分かれているところと日本のように幼児期も2つ以上に施設形態が分かれているところがあります。前者が欧州、後者がアジアに多いのが現状です。台湾はこれら7次元を一体化してそろえたのに対し、韓国はこの中で④のカリキュラムをヌリカリキュラムとして一本化しました。そして日本ではいまだすべてが一体化はしていませんが、今回の制度でまずは②や③の方向性が目指され、④の幼児教育部分も目指されたと言うことができます。

それはまた誰にとってメリットのある一体の方向性、実行可能性のある方向性でしょうか。効果を生みやすい方向性を、そしてそれをなぜ選ぶかということと関係します。日本では財源の次元の一本化は、最終的には保護者や行政にとってメリットをもたらすだろうと思います。しかし個人的には、子どものために保育の質を上げようと考えたら、制度や財源だけではなく④や⑦など、実際に目の前で行われる保育の質とその評価をしていく次元を一つにしていくことが、どの子どもにもどの地域でも質の保障をしていくためには大事な検討の論点ではないかと思います。幼稚園での預かり保育の質などは、教育課程外として扱われていますが、8割以上の子どもが預かり保育を利用しているのにこれでよいのでしょうか。まだ新制度の混乱で大変な中であるので早急な議論は禁物です。しかし私たちはこの改革がまだ道半ばであり、子どもたちにとって真に意味あるものになるためには、何が次段階に必要かを考えて議論をしていくことが求められています。

● ── 民主主義の芽生えを保育にみる

乳幼児からの民主主義

　2015年6月の初めに、レズリー大学のベン・マーデル教授の講演を聴かせていただきました。乳幼児期からの民主主義とは何かについて、この数年間ずっと一緒に議論をさせていただいてきました。そこでいう民主主義とは、制度や政治思想のことではありません。人と人のつながりのありようであり、子どもの内面にある力を信じる大人によって支えられ、子どもたちが大きな存在としている場所になっているかを問う見方です。子ども同士が、また保育者や保護者も年齢や能力のいかんに関わらず、遊びや暮らしにおいてそれぞれの人の居方に敬意を表す互恵的な空間になっているかです。それが居心地のよさや、安心感、アイデンティティを育てているかです。自己の欲求を前面に出す乳児において、実はこの関係はとても難しいことです。そしてトラブルがないのがよいというのでもありません。それを超えてより高次の他者との関わりを子どもたちは学んでいきます。しかし、民主主義というレンズを通して保育をみてみることで、何がみえてくるのか？　どの素材が子どもたちが対等に遊び関わり楽しむ姿を育てているのか？　保育者の役割は？　が私たちの問いです。

　この観点から、子ども同士の関わりや保育者の行為をみることは米国では当たり前でも、日本では少ない状況です。市民性の育成として乳児からの子どもの居方をみることで、子どもの

可能性や伸びがみえてきます。

　素材として「光と影」を対象にして協働して考えていきました。これからのどんな施設でも必ずあり、大きな設備や教材費がなくても保育者の創意工夫で可能となる素材です。光と影に関しては、イタリアのレッジョエミリアでも、幼児に関しては探究する姿がビデオやモノグラフで出されています。また日本でも影踏みや影絵遊びなど、古くからの遊びなども含め実践に入れて行われています。しかし乳児期からの民主主義という観点はありませんでした。夢中になって遊ぶ時間と場の保障は、子どもの権利です。マーデル教授は「子どもたちがせかされないで主体的に遊ぶこと、しっかりと対象に関わり調べ、継続的に素材や仲間と関わる時間が与えられるときに築き上げられる関係性の中で民主主義は生まれる」と、おっしゃっています。

　日本の実践の一つとして次のような紹介がありました。乳児たちが夕方の暗くなってからのベランダで懐中電灯を一人一つずつ持って見ています。するといろいろなことを子どもたちが発見し始めます。ガラスに映る光もあれば、暗い所を照らしてみたり、そしてそのうちウッドデッキにたまたま一か所穴が開いているのを見つけると、その奥を一緒に照らそうとしたりしていました。その時に１〜２歳児でも友達が懐中電灯を持っていないと、友達に一つを渡してあげたり、穴を見つけると一緒に息を潜めてじっと一つの穴を息を凝らして見る姿が見えてきました。

このような姿はパッと見たら、どこにでもありそうな場に見えるでしょう。しかしこのときの子どもの様子を丁寧に観てみると、民主主義の芽生えはいろいろなところにあることに気が付きます。皆さんもそうした視座を意識して観てみてはどうでしょうか。

●── 困り感とワクワク感から始まる経験

保育者の専門性の内実

　保育者の資質向上によって専門性を高めることが、保育の質の向上につながるのは言うまでもありません。ではそこでの保育者の資質や専門性とは何を指すのでしょうか。そこには実に多様な内容が含まれます。だからこそ、それらを解明するとともに、保育者の養成段階と現職研修や現職教育のどこでどのような道筋を付けていくのかを考えていくことが求められています。しかも保育教諭、保育士、幼稚園教諭のそれぞれの特徴と同時に、最初に根源的に共通に身に付けるべき専門性は何かが問われています。

　「学び続ける教師像」が文部科学省中央教育審議会では議論され、そこでは生涯働き続ける教師像の中で議論がなされてきました。しかし保育の場合には「学び続ける」という前に「学び続けてみたい」「子どもってすてき」「保育って面白い」と思う状況をいかに育てていくのかが離職率を低減してく上でまずもって大事です。一人ひとりの子どもとの関わりにおいて子どもの心情に沿う関わりができること一つを取っても、乳児期から幼児期の６年間ほど人間の成長の中で最も顕著な発達的変化のある６年はありません。特別な支援を必要とする気になる子どもの数も増えています。つまり、育ちの時間軸の見通しの中での、現在のみきわめと多様な子どもの理解が、言葉では表現されないほど高度な課題としてあります。どの年齢

時期よりも難しい代わりに、その子どもたちのしなやかさや伸びやかさに魅力を感じ取れる機会が養成教育や園内で求められるでしょう。

　遊びと暮らしの個々の活動に関してどのようにそれを集団の場で組織し、何をどのようにすることが子どもの生活の質を上げていくことにつながるのかを考えてみると、保育の難しさ、困り感と面白さや手応えというワクワク感の情動体験が、保育者の根源で専門性を支えています。食事場面でも、おしゃべりや遊び食べの対応や偏食、食の細い子への対応があります。片付けでも、片付けをしない子や遅い子、そこでどこまでで片付けを良しとするのかという時間のせめぎ合いなどがあります。こうした個々の場面の保育者の専門性を、難しさと魅力の両面から問うていくアプローチが、揺るぎない力量を高めるためには大切です。

　力量や専門性は気付いたらいつの間にか変わっていたという面が多いものです。夢中になって保育したり保育を語れる時間の質が専門性を支えます。それには、ほんのひとときの深呼吸ができるゆとりが園の風土として保障されていることが必要です。学び続けることより、ぼちぼちやって笑い合えることが、学びたいという思いを支えます。こんなことで困っているという困り感と、こんなことをしてみたらこんな面白い姿が見られたといううれしさの語りを聴き合ったり、その場面をさらにイメージでも分かるように見える化し、言葉よりも前に感覚や身体で共有することが、専門性の高まりを実感するのには

まず必要でしょう。日々のそうした同僚同士の関わりがあってこそ、研修も生きてきます。研修で資質を伸ばすという発想ではなく、資質が伸びる日々の職場の充実を意識するからこそ、研修も打ち解けてやれ、実になるというのが実態ではないでしょうか。そのためには多忙感や負担感を共に越える、ひと声の支え合いができる心のゆとりが求められています。

●── 縦断研究は社会の幸せにつながる

長期縦断研究と保育の質

　政府が予算を獲得するのには、エビデンスを出すことでそのデータ等に基づき政策判断をしていくという傾向が国際的にみると強まっています。特に乳幼児教育に関しては、ノーベル経済学賞受賞のヘックマン教授のデータ以来、各国が縦断データを収集しています。我が国でも総務省のエコチルをはじめ、子ども個体の発達や環境と発達という水準でのデータはかなりあります。しかし、保育のあり方が子どもの発達にどのような影響を及ぼすかについてのデータは、大規模サンプルで統計学的にも耐えうる研究結果の報告はまだされていません。

　そのような背景文脈もあって、東京大学大学院教育学研究科附属発達保育実践政策学センターの発足（2015年7月1日）記念シンポジウムには、当領域の世界的第一人者である、オックスフォード大学エドワード・メルウィッシュ教授をお招きしました。氏はご自身が英国での長期縦断研究で研究デザインや統計解析をされているだけではなく、欧州やアジアの国での縦断研究の研究デザインの指導などをされ、大局的な側面からお話や研究への助言をいただくことができました。

　0歳から3歳では家庭環境の差によって語彙数の発達に大きな差がみられること、またロンドン・デイケアプロジェクトでは、家庭環境とともにチャイルドケアの質が子どもの語彙数に影響を与え、その質を支える要因として、応答的なコミュニ

ケーションや愛情などの必要性を明らかにされています。また幼児期においても、イングランドでのEPPE[※1]と呼ばれる縦断研究、同じデザインで北アイルランドで行われたEPPNI[※2]縦断研究でも、幼児教育の質がその後小学校卒業時まで、学校教育の効果とは独立に影響をもち続けることを明らかにしています。そして氏の研究の魅力は、前者のロンドン・ケアプロジェクトが児童法の制定に、また後者のEPPE研究プロジェクトが２歳からの幼児教育の無償化に、さらにはこれまでの15時間の無償化から30時間の無償化へと保育・幼児教育政策全体に影響をもたらしてきていることです。ノルウェー、デンマーク、フランス、スイスをはじめ各国でも同様の効果があること、そしてさらには現在では保育の質の研究で２歳後半から３歳部分が注目されてきているのが、縦断研究の一つの動向です。

　氏と個人的に会話をする中で、２歳から３歳頃における語彙数に代表されるコミュニケーション能力と注意や行動の実行制御機能の発達が、その後の様々な能力発達の基盤となることが発達科学の知見から明らかになってきているので、そこに特に焦点を当てることが幼児期のいろいろな能力を調べるよりも大事であるというお話もうかがいました。また乳幼児期の能力を短期的に調べるのではなく、長期的に追跡していくことでより多くの社会の人にとっては、乳幼児期の保育の重要性を認識しその支援をしてもらうことが大切であると話されました。また、それは幼児教育の政策というだけではなく、貧困格差を是正し児童福祉政策としても民主主義社会を創出してい

くためにも必要だという考えもうかがいました。乳幼児期の研究者やその領域に関わる実践者や政策関係者は、乳幼児期の予算獲得等の利益だけを考えがちです。しかし長期的な視野をもつことによって、それがこれからの社会形成や地域創生、そして人の生涯の幸せにつながることこそ、こうした縦断研究から学ぶことではないかと思うことのできた機会でした。

※1　EPPE：The Effective Provision for Pre-school Educational project
※2　EPPNI：Effective Pre-school Provision Northern Ireland

●── 生涯にわたる「遊び」の価値の認識を
「遊び」を中心とした教育学の理念

　遊びから学びへ、学びの芽生え、生涯学習など、教育において「学び」が重視されています。では、遊びは学びのための手段でしょうか。遊びには学びの語では語りきれない独自の、その場に心身ともに無我没入する側面の深さがあるでしょう。第25回ヨーロッパ乳幼児教育学会が2015年9月にスペインのバルセロナであり、参加してきました。このところ数多くの遊びに関する本が出版されていることに加え私の関心もあり、遊びに関するセッションを中心に参加してきました。その中で面白いと感じたのは、遊び(Play)と小学校以降で近年言われている遊びを通した学び、楽しい学び(Playful learning)には違いがあり、遊びを中心とした教育学(play-based pedagogy)は幼児期だけではなく小学校低学年でも重要ではないかという意見も出されていました。それに対して近年では、幼児期においても幼小の接続が早期学校化をもたらしていく危険性への警鐘が英国やアイルランド、スウェーデンなどでは鳴らされているという話も出ました。学力が高いと言われるフィンランドでは小学校入学が7歳ですが、それに加え、低学年では遊びを基盤とした学習が様々な形で環境なども連続性をもって実施されているという意見もありました。誰にとっての遊びか、教師が遊ばせているつもりの遊びと、子どもにとって自らの心が動いたりときめく意味での遊びは異なります。後者の

遊びのときには探究が生まれ、より深い学びに至るのに対して、前者の場合には教師は遊びで楽しくしているつもりでも、教師のねらいに子どもたちがはまっていくだけの部分が出てきます。私たちの社会にとって遊びとは真にどのような価値をもつ行為なのかが問われていることを感じさせてもらいました。

　ジェンダーと遊びという分科会の中では、男の子の戦いごっこや銃の遊びについて、平和主義の観点からこれを止めていくという風潮に対して、なぜ男子は戦いごっこをするのか、社会の中の表れではないのかといった、幼児期にこうした形のごっこをすることの意味について賛否いろいろな意見が交わされました。国に銃刀法規制法があるかどうかでも違いがあるのではという意見も出てきました。

　遊びは私たちの社会を映すカギでもあります。その時に大人にとって望ましくない行為を止めるのは簡単です。しかし遊びだからこそ、虚構の世界の中で何はしてよいのか、いけないのかを学んでいったり、昇華する機会にもなりえるでしょう。そう考えると、遊びそのものに価値があるのであり、遊びの内容でしてはいけないこと、してほしいことを区切るのはどうかということも考えられるでしょう。これは、東日本大震災直後に現れた子どもの死体ごっこなどの中でも論じられたことでした。

　遊びを乳幼児期には大事であると認めても、小学校に上がるとその価値は低められ、遊びよりも学びの重視が当たり前の言

説として取り扱われることが多い日本です。それに対して、ヨーロッパの学校や教育改革の中で、遊びの意義や価値が幼児期だけではなく再度見つめ直されている方向性や見識に学びたいと感じた学会参加でした。遊びに負の価値を与え始められるのは歴史的に、社会文化的に、また生涯発達の中でいつの頃からなのでしょうか。私たちはもう一度生涯にわたる遊びの価値を考えてみてはどうでしょうか。

● ── 情報として何を伝えるかは信念の鏡

園のHPと選ばれる園になるための信念

　私立幼稚園では、秋は入園受付の時期です。今年は入園希望者が増えるのか減るのか、保護者に選ばれるかどうかは園経営にとっては切実な死活問題です。そのために、保育参観をいろいろ受け入れたり、説明会を行い、入園案内に工夫を凝らしたり、独自の理念を伝えるブックレット等を作っておられる園も増えてきました。たいがいの保護者がホームページを見て入園のための情報にしていると言われていることから、どの園もホームページの作成に工夫を凝らしています。5〜10年前であれば作っている園とそうでない園の数にずいぶん違いもありましたが、今は大半の園が大事な窓口としてホームページを作っています。そしてそのサービスを請け負う業者やそのための写真を撮る業者など、いろいろな外注サービスも出て、美しさなどの点では工夫がなされ趣向がこらされてきています。様々な園のホームページを見ていると面白いのは、できるだけ頻繁にタイムリーな情報を提供していくことで園の活動を理解してもらおうとしている園もあれば、園の行事や生活など全般にわたって保護者に園が何をしているのかの全体概要を安定的に知らせることを中心にホームページを活用しようとしている園もあります。たとえ業者を使うにしても、園のことを誰に宛てて見せ、語り、そして何をどのように伝えるかには大きな違いが見られます。

入園する子どもの保護者にとっての参加の負担や行事などが、広く一般向けにホームページを見せるときのポイントの一つになっていることが分かります。毎日のように情報更新をされている保育所の施設長さんは、「ホームページをスマフォで見る習慣を保護者に付けておくことが、防災、緊急時に情報を見てもらえるような保護者側の目をつくり防災教育の機会にもなっているんですよ」という話をしてくださいました。いざという時の緊急連絡網としての意識育てとしても利用されています。

　だが一方で公立の園の場合には、市区町村によってホームページを推進しているところと子どもの個人情報などとの関係もあって住所や園の概要などが担当所管のホームページから分かるようにはなっていても一切掲載を禁じているところもあります。保護者からのクレームが生じないようにするというねらいでもあります。また、私立幼稚園でも何名かの園長先生からお話をうかがうと、上記のような積極的活用型のスタイルとは異なるスタイルを、自分のお考えや園の方針から守っている園もあることが分かってきます。「ホームページではなく、実際に園を見学に来て、そこで納得してこういう保育であればいいという人にのみ入園してもらえばよい。広く一般にホームページでサービスを伝えるのではなく、口コミで卒園生や近所の人からの情報で来てくれる方がその園の応援団や一番のよき理解者になってくれます。そうした一定のファンを園が時間を掛けてつくっていくことこそが大事で、それが選ば

れる園になる秘訣ですよ、だからホームページのみで来るような園ではなくてよいのです」とはっきり言われる園長先生もおられます。またある園長先生は「子どもの日々の様子や行事などは子どもたちの口から聞いてもらって、親子の会話にしてもらえるのがよいのです。毎日情報発信をして見える化することが流行になっているけれど、そうした作業のための時間があれば、明日の保育の準備に時間をかけた方がいいと思っているんです」と語られます。情報化時代を見据え、読者の皆さんは、上記のどのような意見に賛成でしょうか。園長先生の揺るがない信念こそ、大事に思います。

●── 人柄は乳幼児期教育で培われる

生きる力を乳幼児期に育む

　経済的に、あるいは心身にハンディをもつ子どもたちに乳幼児期からの教育機会を与えることがその後の人生において税金を抑制し効果的な社会的投資になることは、ノーベル経済学賞のヘックマン教授の研究をはじめ、米国や英国での長期縦断研究からその大切さが量的に解析がなされ示されてきました。

　そこで主に議論をされてきたのは、教育プログラムや認知的な側面の議論でした。これに対して、近年の国際的な研究の動きでは５歳までの幼児教育を通して培われるスキルが生涯の個人的な技能を予測することを、世界各国の長期縦断研究をさらにまとめてメタ分析やレビューすることで明らかにした研究から示されてきています。

　社会的スキル、情動的スキル、認知的スキルとスキルを３分し、それらを総称してライフスキル（生きる力）と呼ぶ人もいます。そして３〜５歳において自己調整（制御）や自分が行動主体であるという主体性の感覚が、様々な領域を超えて生涯にわたるその後の成果につながること、それは認知的能力とは独立のことであることが明らかにされてきています。つまり対人的な関係の中で自分の感情を調整して感情的に安定していることや、意欲や自信をもって行動できる力、そして人とうまくやっていける力は、いわゆる知的な能力とは別の能力として生涯大事であるということです。日本語で言えば人柄ともいえるよう

な資質です。それはいわゆる生得的なことというよりは、乳幼児教育の中で培われてきていることも分かっています。

メタ分析を行った英国のイングリッド・ショーン教授によれば、情動的な安定性はその後大人になってからの心的健康や身体的健康に影響を及ぼすといいます。またいわゆる言語力はあらゆる領域において成人になってからの様々な領域の成果を予測します。一方、数的能力は、学業達成や社会経済的な地位や身体的健康には影響を及ぼしますが、それは限定的な効果であることも明らかにしています。また集中して課題に取り組むなどの実行制御能力が学校での成績や行動には影響があることも分かっています。そして、幼児期の社会的スキルは、幼児期には潜在的な影の部分ですが、大人になってから家族を形成できるか、親になるかどうかなどの予測因子であったり、アルコール中毒などのリスク要因を低減するかどうかにも影響することも分かってきています。

つまり、乳幼児期の教育で育成したいことはいわゆる知的な学びだけではないのです。他者とともに暮らし遊ぶことを通して培われる社会的スキルや同年代での関わりだからこそ学べる感情を調整する力こそが大事であるということです。こうしたことは誰しも経験的に分かっていることではあります。しかし、改めてこうした知見が社会に広く知られるようになることが、幼児期の教育を小学校以上の教科の教育と直結させるのではなく、遊びを中心とした教育の必要性と傍証となるでしょう。と同時に私たちが考えなければならないのは、だから

こそ遊びの質の吟味であり、園の中でどのような遊びの機会を保障するかでしょう。英国の効果的な幼児教育のあり方の研究(EPPE)では、保育者主導と子ども主導の活動のバランスと同時に子どもが始めた活動を保育者がいかに広げたり深めたりするかが質の向上において大切としています。こうした海外のデータも踏まえつつ、私たちは日々の乳幼児教育の実践の質を改めてみつめていきたいと思います。

● エビデンスに基づく政策を
海外の幼小連携に学ぶ

　2015年12月に開催された第18回OECD乳幼児教育ネットワーク会議に参加しました。その会合の内容の一つに、幼小連携があり、ノルウェーやデンマーク、韓国からの報告がありました。特にノルウェーの内容は、2010年以降の英語等で執筆された幼小連携研究についてのレビュー報告であり、学術知見を政策に生かそうとしている試みとしても興味深い内容でした。その報告によると、アクターとして誰の視点からの連携を研究したのか(小学校教師、幼稚園教諭、保護者、子ども)、そこでの連携で生じる葛藤や緊張関係、またどのような力関係の非対称性がそこにみられるのか、またそれによってどのような実践の変化があるのか、そのためには幼小連携の効果の研究として何を調べればよいのかが整理して報告されていました。

　日本では、保幼小連携の重要性が指摘され、事例集やアプローチカリキュラムとスタートカリキュラムなどの提案が具体的になされています。だがそうした連携や接続をすることが、しない時に比べてどの程度誰にどのような効果が本当にあったのかを明確にしている研究はあまりありません。つまり、エビデンスベースに幼小連携推進のための議論が進むというよりは、理念先にありきで、その必要性や国際的動向を受けて進んでいることが多い状態です。接続や連携は良いはずという意識です。

ノルウェーでのレビュー報告によると、連携実践の必要性を実際に分析すると、有効性のために3つのポイントが整理できます。第1には、子どもたちがどの程度小学校やそこでの教職員に対してあらかじめ親しみをもてているのかに関わる実践です。例えば、小学校教師や小学生が園に訪問して学校のことをどの程度伝えたりしているか、幼児がどの程度の頻度で学校を訪問しているのか、園の先生が学校のことをどの程度話題にするのか、園の中で学校の活動をどのように紹介しシミュレーションしているのか、移行のために導入的な活動がどのように設定されているのか、園と学校の子どもたちがどれぐらい友好関係を結べているのか、ペアやバディを決めてのプログラムがあるか、学校が始まる前に保護者と1年生の先生が出会っているのか等々です。

　また第2には、園が学校に対してどの程度情報を伝えたり、また反対に学校が園に、保護者が園にといった情報の伝達と共有がどの程度なされているのかです。園が学校に子どもについて、個々の子どもの育ちや個別指導計画などを共有しているのか、保護者が日頃から子どもの情報を園や学校にどの程度伝えているのか、園が保護者に対して入学に向けてのオリエンテーションミーテイングなどを行っているのか否かという点です。

　そして第3には、実際に協働がどのような形でなされているのかが効果に影響をしていることが指摘されています。接続のカリキュラムをどのようにして定式化したり改訂をしたり

しているのか、個々の教科の計画の開発、また授業や保育を教員と保育者が一緒に行っているのか、園から学校に行くのに小学校、園、特別支援の教師たちが一緒になって、どの程度話し合いをしているか等です。

　いずれの活動も、日本でもそれぞれは既に取り組まれていることではあります。しかしそれを体系的にまとめたり俯瞰しながらこれからの政策を考えていくという欧州の政策立案の視点やプロセスに、私たちは学ぶことができるように思います。

●── リーダーシップが園風土の鍵に

園のリーダーシップと空気

　2016年1月に東京大学大学院教育学研究科附属発達保育実践政策学センターで、公益財団法人全日本私立幼稚園幼児教育研究機構との共催で「園におけるリーダーシップ:東アジアの改革動向」と題する国際シンポジウムを中国、台湾、シンガポールから研究者を招いて行いました。どの国でも、保育者個人の力量形成とともに、園全体としての力をどのように高めていくか、そのためのリーダーシップを議論しています。乳幼児の保育・教育では、常勤専任の保育者だけではなく、様々な職員がいてシフトを組んでいたりすることが、小学校以上の教員の学校経営という発想とは違うところです。また子どものことだけではなく、そこには保護者との連携や支援がからんできます。一人ひとりの職員の良さをいかしながら、今以上にさらに高めていく風土をいかにして創れるかが重要なポイントになっていきます。その中で組織イノベーションといわれるように、日々自らを新しくしていくための具体的なモラルと研修や仕事を見直す手立てが求められています。

　そのためには、園長先生自身がいわゆる実務運営としてのマネジメントだけではなく、保育に関する幅広い教養をもってヴィジョンを明確にしていくことやそれを職員と共有できる工夫をもつこと、また他園での事例なども学ぶことが、研修として求められてきます。中国では園長先生の専門性基準とい

う園長が身に付けるべき教養を基にした研修カリキュラムがつくられ、研修を体系的に構造化しています。そしてこの研修を受けた園長が自分の園がある各地域の園長先生たちとネットワークを作りながら、その地域に応じた保育を創り出していく方策が政策として練られています。シンガポールでも、質の評価規準SPARK※に基づく自己評価を行いながら園としての資質を多様な観点から高めていくためのリーダーシップ育成が試みられています。

　そのような報告とともに、台北市立教育大学の幸曼玲（シンマンリン）教授が、職場の空気を変えることの大切さやそのためには、いろいろな知識や技能を高めていくだけではなく、職員同士が現状維持や無関心あるいは批判的な不平などをいうことから、相互に良さを認め合って打ち解けていくという様相へと変える必要があること、またその次にはこの段階だけではなくそこから自信をもって新たな視点を得て揺さぶられつつ挑戦や創意工夫し前進していく様相への転換が必要であることを日本の文献などを引用されながら台湾での事例をもとに指摘されました。

　職員の関係がよくうまく回って動いていると感じられる園では、園長や主任がとても明るくて、子どもの面白い話題をたくさん語ってくださることでその雰囲気を保っています。とても穏やかに子どもや保育者のしていることを丁寧によく見ていることでこの打ち解ける段階から安心して前へというサイクルが生まれていると、日本でもいろいろな園にうかがうと感じます。それに対して、重たい雰囲気や困ったという愚痴が

きかれる園では、次への改善の方針を見失っていることも多いものです。園のリーダーシップは園職員が皆で分かち合っていくからこそ、その職員間のダイバーシティが活気を生み出すのではないでしょうか。

※　SPARK：The Singapore Pre-school Accreditation Framework

● スケールの多様な使い方を知る

保育プロセスの質スケールを観る目

　イングランド(イギリス)で開発された保育プロセスの質を捉えるSSTEWを『「保育プロセスの質」評価スケール——乳幼児期の「ともに考え、深めつづけること」と「情緒的な安定・安心」を捉えるために』と題した翻訳書として淀川裕美さんとともに2016年2月に刊行しました(明石書店)。著者のイラム・シラージ教授らは英国での長期縦断研究EPPE(効果的な初等中等教育のあり方)研究で有名な研究者です。この保育の質のスケールの特徴は、保育者と子ども(主に2歳から6歳まで)のやりとりを子どもの育ちを踏まえて捉えるコミュニケーションに主眼を置いているところにあります。「よい」と外部評価された園と「特に優れている」と評価された園の違いを実際に観察によって捉え、そこから得られた知見に基づいて、保育者の子どもへのコミュニケーション等のあり方を論じるものとなっています。

　このスケールを日本でどのように活用するのかということを考えたときに、いくつかの質のスケールを観る目や姿勢があることを開発途上にも保育者や研究者の方々に対してご紹介して感じました。一つの方向性は、園外部で開発されたものさしで、保育を評価することには抵抗感があり、自分たちの日々の保育実践を他者にみてもらうので十分であり、チェックリスト的なものには抵抗があるという姿勢です。この対極にある

のが、まずはそのやり方を学んで実際に使ってみて自園がどのような状況にあるかを考えてみようという姿勢です。その間に、チェックリストを使いながら出てくる具体的な場面のエピソードを語り合うことで、活動による違いや先生による対応の相違や良さを見つけたりすることにつながるのではないかという目があります。また同じ項目でも年齢によって意味するところは違うので、「この年齢ではこのようなことをこの項目は意味するけれども、より上の年齢ではこのように違うね」というように、子どもの育ちに着眼して検討をするという目もあります。

これが具体的な個々の場面から育ちを議論する目を養うことに力点を置く姿勢であるとすれば、別の方向としては、プロフィールとしてまずは人間ドックのように全体を見渡した上で、特に自分たちが大事にしたい、あるいは弱いと感じたりこれから力を入れると伸びそうという部分を見つけるのに使うという姿勢があります。特定の部分だけについて、1年間取り組みながら日常の研修の中にも生かしてみるという姿勢です。これが特定の分野や関わりを伸ばそうとする発想です。また項目と保育・教育課程、年間指導計画や期の指導計画の関係を見直してみたり、項目に示されたようなコミュニケーションを支えるのにはどのような環境や保育のあり方を大事にしたらよいかを話し合ってみようという、より長期的な計画や物理的環境とつないで考えようとする目もあります。

同じスケールでも、そこからどのように展開するのかは園長

や研修主任の意識次第です。そしてそのためには、リーダーがこうしたスケールをいかに深く理解しているかも大切でしょう。スケールをめぐる語りや智慧から学びたいと思います。

● ── 評価には核となる価値を

シンガポールの幼児教育に学ぶ

　先進諸国はどこも就学前教育の公的資金の投資に力を入れています。シンガポールを何度も訪問し、この国もその一つであることを実感しています。2014年から2016年の2年の間に教育省直轄の15の国立幼稚園が作られています。大半が私立、民営で幼稚園や保育所が営まれている国です。その中で、教育省が目指す質の高い園を創るのを目的として、小学校に敷設した形で設置されています。基本は午前、午後の半日クラスです。英語と母語のバイリンガル政策が進められている中で、家庭で母語として使用している中国語、アラブ語、インドタミル語があり、会話や絵本をその母語グループの皆で話し合ったり見たりするところをみせてもらいました。保育室環境も意識して、掲示や絵本がその言語空間にあるように置かれています。もちろんそれ以外の時間は幼児からすべて英語です。子どもたちが驚きから探究していく科学的な探究プロジェクトを重視することも行われています。日本では公立幼稚園は認定こども園への移行もありますが、2015〜2016年で約200園が統合廃園となり、私立・民営に公的予算がより投入されるようになっています。そうした方向とは逆に、シンガポールでは就学前教育としてより公教育のための園を創ろうという方向を目指していることを、興味深く感じました。

　また保育の質の向上のために、SPARKと呼ばれるシンガ

ポール独自の認証評価システムが2011年に作られ５年が経過しています。私は2011年にこの評価システムが作られた直後に話を教育省関係者に聞いたときには私自身もまだよく分かっていませんでした。このことが、2016年３月に開発者の方々にどのようにして開発し現在どのような形で実施され、次のステップとして何を検討しているのかについて直接話してくださったお話が、日本にとってもとても興味深いものでした。

　日本と異なり、シンガポールの小中高等学校では、学校教育の自己評価システムが体系的にすでに整えられ実施されていますので、そのシステムを基にしています。幼児の評価システムの開発関係者も幼児教育プロパーではなく、元小学校校長や中学校教員なども人材活用されています。自己評価システムで大事なのは、評価チェック項目を作ることだけではなく、その評価をする前に、何のための評価かという核となる価値や領域を明確にし、そしてその評価をすることでどのように質が改善できるのかのプロセスモデルの下で、アセスメント項目が考えられていることです。核となる価値については数多くの候補を出しながら子ども中心の保育を行うために最終的に次の５つの価値「子どもに焦点、ビジョンをもったリーダーシップ、インパクトのある専門家主義、目的をもったイノベーション、成長のためのパートナーシップ」に絞り、評価システムを形成しています。また評定尺度に関しても、「始まり、できている、習得できている」というような６段階尺度ですが現在はまだＳＰＡＲＫが認証しているのは502園であり国全体の30％とい

うことです。この評価が2以上だと認められ、それが幼児教育庁のサイトに掲載されます。保護者がこの認証評価をみて、質が担保されている園か否かが分かる認証評価の仕組みです。個々の保育者ではなく園全体を評価している点が大事です。そして評価得点の低い園には環境資源が投じられます。担当ヘッドの方が言われた「物的環境は5年で変えられるが、人の意識や行動の変化はそれ以上長くかかる」の言葉に、この国の長期的意志と決意、そしてそのための挑戦を感じた1日でした。

●── 特徴に応じた工夫を
園内研修方法のさまざま

　乳幼児の保育・教育では、早朝から夜までであるために、シフトがあり、また保育室内だけではなくさまざまな場で保育が行われます。だからこそ、園がチームとして一つの共通のビジョンや価値観をもって、皆で保育にあたることが、小学校以上の教育に比べても、とても重要な役割を果たすことになります。特に正規常勤職員だけではない現在の園体制では、この点がとても大事です。だからこそ職員会議や園内研修をそのための場としてうまく機能するように、風通しよく見通しよくするための手立てがとても重要なことになってきます。

　保育の質のさらなる向上に努めようとしていくために探究の具体的テーマをもち、そのテーマを大事にしながら、さらに教職員それぞれがその研究主題に関わるマイテーマをもてることがとても大事になります。研修では、新たな知識やスキルを外部から情報を得て学ぶことも、大事な一つの機能ではあります。特に教育課程や保育課程が改訂されたときには、そうした動向を知ることが大事です。

　けれども、日々の保育の質の充実につながるためには、より具体的に子どもとモノ、こと、そして子ども、保育者の間の関係を新たな眼でより深く見えるようにする「見える化の工夫」、あるいはそれを自分の言葉にすることでより自覚的になったり対象化して見えるようになったりする「言葉化の工夫」、そ

してその中でも特に皆で共有したいという思いが一体感として生まれると同時に、具体的に自分の場合には何ができたらよいかと考えられる「デザイン思考」が生まれることが必要だと考えられます。

　その時にどのような形を研修で取るかはよく特徴を考えつつ選択する必要があります。例えば付箋を使い、小グループの中でいろいろな意見が出やすくする工夫は、経験年数に関わりなくどの人も同じ重みで意見を出せるという意味で大事です。そして簡単に書くことができるので皆が見やすいという特徴があります。しかしまた一方では、書けるスペースは限られているので簡潔な言葉になるため、いわゆる子どものことを丁寧に観たり考えたりするためには言葉を補いながら共有すること、またグルーピングや整理がメインになると何かを分けて整理することで分かったつもりになってしまうという、陥りやすい危険性の一面もあります。

　他方、ビデオカンファレンスは事実を丁寧に捉えることができて、再現しながらくり返し見ることができるので一つのことを深く語ることができるという良さがあります。しかし一方では、具体的であるがゆえに、私のクラスではなく「あの先生の保育は、あの子は」という見方になり参加者全員が我がこととして考えることは難しくなる場合もあります。また、ビデオを撮る人、撮られる人の間には対等ではない力関係も生じやすくなります。一方でリアルなので具体的にどうしたらよいかが分かりやすい面と、撮られる側にとっては逃げ場がない感覚

にもなりがちです。したがって、ビデオカンファレンスの方が語る人が遠慮がちであったり、特定の人に発言が偏りやすい部分もあります。但しその場で一体感もありますから情動で心動かされて考えるというメリットもあります。写真は簡便ですが一瞬のみを捉えたものです。だからこそ語れる部分もありますが、言葉や雰囲気は捨象されます。メディアの特徴に思いをはせることも時に研修主任の役割ではないでしょうか。

●── 想像の余地を保証する環境を
物語る掲示

　保育室や廊下に子どもたちの作品を飾り掲示するということは、どの園でも行われることです。作品の脇に一人ずつ名前が書かれて掲示されていたり、その時に子どもがつぶやいて説明したことなどを保育者が一緒に聴き取って書かれていたりする園もあります。また時にはそれぞれの子どもの作品をそのまま洗濯バサミ等でつまんで掲示するのではなく、1枚ずつビニールカバーの中に入れる園もあれば、額縁のような枠の中に入れたりする園もあります。またカンバスに「本日の作品」として様々な子どもの作品を飾り置いている園もあります。子どもたちにとって他者の眼にふれ、認めてもらうことは誇らしいことで、自信につながります。

　またこの頃では、園によってはポートフォリオのように作品だけではなく、その作品を描いている子どもの姿を写真にしてそれを作品の脇に一緒に貼ってある場合もあります。また作品展などでは作品とともにタブレット等で描いているときの動画まで見られるようになっている園があり、驚いたことがあります。

　ただし上記は、作品を掲示することが、完成品を他者に見せることにつながっている場合が多いように思います。しかしいろいろな園にうかがっていると、完結した作品を掲示するというのとは異なり、物語るプロセスが掲示されています。物語が作られていくプロセス掲示というありようがあることにも

気付きます。例えばある植物の観察の日記や写真などは、それぞれの順序に子どもたちが交替で描いていても、まだこの先に成長記録が続くであろうことが分かります。その続きが貼られるであろう余地が感じられるスペースとして残されていて、そこにそのクラスの子どもたちの活動の物語が生み出されていくのであろうことがなんとなく予想できてみえてきます。ある園では、水族館ごっこに関心をもって子どもたちが図鑑を見ながら魚を描き始めていました。そしてブルーのセロファンや段ボールで囲われた場所には、子どもたちが描いた絵が順に並べられていきます。そこでは子どもたちの遊びの展開とともに、そこに飾られる魚の絵は増えていき、その場に子どものその遊びの物語の足跡が残っています。壁の掲示を見たときに、そこに子どもの体験の物語が一緒に残っているということは、子ども自身がプロセスを振り返るとともに、次の一歩を見通していくためにも大事なことであるでしょう。

またある園では一人ひとりが花を描いたり、遠足に行ったときにもそれぞれに行ったことの絵を描いています。しかしその時にそれを順に並べるだけではなく、保育者と子どもたちが一緒になって、ここは芝生、ここは海といったような場の台紙が作られ、その上にそれぞれの描いた作品が作られ貼られています。個々の子どもはそれぞれ銘々に描いた絵ですが、それがその場の台紙の上に貼られつながれることでそこからまた新たなイメージが生まれ、子どもたちはそのことについて想像し話し合い始めます。一人のお絵描きでも一斉の共同作品作り

でもない、子どもたちが一緒になってつなぎ合いつながり合っていくような物語る掲示ということも考えてみてはどうでしょうか。それによって、保育室の環境掲示が人に見せる展示のためのもののみではなく、そこから何かの着想を一緒に生み出す時間の流れをもった場になるのではないでしょうか。過去だけではなく未来が予期できるカレンダーのように、想像や予測の余地は環境により方向づけられるように思います。

● ── 保育者の思いの枠を超えた行動に対して、ルールがみえる

園の文化とルール

　様々な園を訪問して感じるのは、園において何がやってよいこと、いけないことかのルールがどれほど多く細かくあるのか、そのルールが誰によってどのように決められているのかが、園の雰囲気や園の遊びの文化の伝承や子どもの伸びやかさと関係していることです。例えば、人が傷つくことを言ってはいけないということや、命あるものを大事に扱う、順番は守るなどは道徳的にどの園においても遵守するべきことです。また、靴はどこで脱いではきかえなければいけないということや片付けるときにどこまで何を洗ったりするのかしまうのかなどは、園全体のルールとして保育者が行動で示したりしながら行動の流れの中で皆が基本的に従っていくものでもあります。

　これに対して、遊びにおいて保育者の想定を超えて子どもが思いついて始めた遊びの中でのルールについては、安全性や園の保育観によって違っています。先日訪問した２つの園でのたまたま似た場面。ある園では、ある子どもが泥や砂でモノづくりをしているときに友達が呼びに来てクラスの窓ガラスのところで会話をしようとしてガラスに手を付けたら、砂の付いた手だったので、ガラスにも砂が付きました。ガラスに砂が付着したことに興味を覚えたその子は、もっと土を付けたいと思いそのガラスに付けてみようとしはじめます。湿っている泥をぐっと押すとガラスであっても泥が付くことに気付き「もっ

ともっと」の気持ちがその子の中に生まれ、くり返し挑戦しくっつけてみています。ちょうどそれを目にした保育者が雑巾を持って来て「これで拭くときれいになるよ」と声を掛けました。直接的な禁止の言葉はひと言もありません。しかしそこにはガラスに泥をつける等は汚れることでよろしくないという暗黙のメッセージが雑巾を保育者が手渡す中で子どもに伝わっています。砂場遊びは充実していますが、それ以外の場に砂や泥が持ち出され、それを他に付けるのはよろしくないことがその保育者のルールであると分かります。

　ある別の園。園庭にできた水たまりのドロドロ。水を含んだ泥は立てかけてあった板に付くことに子どもが気付きます。子どもたちはどんどん泥を板に投げて、「ここからでも、できるかな」と泥を手で投げつけることを楽しんでいます。次第に板一杯に泥が飛び散る様子にも興味を覚えて、くり返し試しています。ここでは泥で汚すのもありで、子どもたちがなんでも試みて何かに気付くことを期待しています。この2園はいずれも遊びが充実している園です。だがこのような時の判断や対応は異なっていました。こういう目でみると、それぞれの園では、これはこのように使うモノと決まっていてそれを超えた使い方を子どもたちがしようとしはじめたときに、それを受け入れるかどうかが判断の分かれ目になります。

　またその時に「どうする？」「どうしてだと思う？」と相談しながら考えていく保育者と、明確によいか悪いかを伝えて指示する保育者がいます。考える保育として、生活の中のルールは

自分たちで意味を考えさせるということを大事にする保育観と、まずは決まりやルールを守る行動ができることを重視する保育観。これはきれいに2分できるわけではありません。暗黙に子どもたちにしいている園ルールを振り返ってみることで、子どもへの関わり、保育のあり方の価値や活動の意味を意識することが、保育の質やビジョンの共有のきっかけの一つになるかもしれません。

●――男女共に子育てを楽しむための支援を

「女性の活躍」言説と子育て親塾

　男女共同参画社会のために、平成28年から女性活躍推進法が施行され、女性が活躍できるために、子育て支援の充実が言われ、保育所や小規模保育の充実などがさらに言われています。この論理は一見美しく正しいように見えます。だが実は、女性が子育てを担うものであるのでそれを支援するといった因果モデルが前提にされた論理が多いようにも思います。子どもを乳児期から母親以外の他の人が仕事中みれば、男性同様の仕事ができるという見方は、労働生産性から見たときの合理主義的な見方です。

　しかし、そうした社会のモデルはこれからの成熟した文化社会の中で幸福をもたらすモデルになるでしょうか。むしろワークライフバランスが言われるように、男性も女性も共に子育てを楽しむ時間を保障しながら仕事もできるような社会を求めていくことの方が大切ではないでしょうか。これらは実は、似ているようでありながら、異なる発想です。そして後者のためには実は女性だけではなく、私たちは男性が育児をするための支援も十分にすべきではないでしょうか。

　子ども側から見たときに、母親以外にも父親、保育者、保護者のネットワーク、地域の人々の輪など何重ものチャイルドセーフティネットが張られ、子どもの育ちに関わる人が増えることは望ましいことです。そのためには、父母のような特定の

人への愛着関係が必要な時期にきちんと形成されることが大切になります。父親もその役割を十分に担うことができます。この頃では保育所への送迎を父親が行うことも珍しくなくなっています。しかし、父親の方が子どものことで早めに仕事を切り上げたり、子どもの病気で休むなどのことに対する風当たりは強いようです。

　私も関与している東京大学大学院教育学研究科附属発達保育実践政策学センターでは、2016年秋から子育て親塾を(株)日本共同システムとの連携で立ち上げ、活動を始めました。これは勤務先で帰りにちょっと子育ての話ができる場をつくり、保護者として知っていたら便利な子育ての科学的知識を介してお互いに子育ての悩みや喜びを分かち合う場をつくるという試みです。まず驚いたのは、参加者に男性が多かったことです。会社での先輩や後輩であれば男女ともに同じような勤務環境の中で、どのように子育てに工夫をしているかをお互いに語ることが自分の次のキャリアステージへの展望ともつながりやすくなります。また他の方の工夫が自分にも取り込みやすいといった便利さがあるようです。そして仕事でも家庭でも、家族システムにおいて思いやりや感謝などの感情だけではなく、子育ての見通しに関わる専門的知識をもっていることが、共働き相互の負担感やストレス軽減につながる可能性があると思われます。平成20年には０～２歳の保育所入所は２７.６％だったのが、27年度38.1％、30年度48％と今後も増加が見込まれています。子どもを中心に子育ての喜びや困り感を地域

でも職場でも共有し合いながら共に育ち合うようなコミュニティができていくことが、女性支援としての子育て視点とは違う、新たなモデルへの一つの視座を提供してくれるのではないでしょうか。子どもの育ちに学ぶことは、人の複雑さや尊厳を根源から教えてくれます。それが少子高齢化社会を豊かにするケアリングコミュニティ形成の一助になるでしょう。

●── 年長の子も交流の事業計画に参画
保幼小連携の醍醐味

　保幼小連携の推進が唱えられています。東京大学大学院教育学研究科附属発達保育実践政策学センターが2015年12月から2016年3月に自治体に向けて実施した調査では、811の自治体からの回答を得ました（回収率46.6％）。しかし分析した結果によれば、独自カリキュラムを作っているのは回答自治体の37％、また乳幼児期のすべての施設形態に共通のカリキュラムを作っているのは24％とさらに少なくなります。つまり半数以下ということになります。

　こうした中で、品川区で私が関わらせていただいている第一日野グループでは保幼小連携の取り組みも９年目となりました。区全体、学区カリキュラムはもちろんですが、それを踏まえてさらに連携実践を深めている事例を先日参観させていただきました。５歳児と５年生の交流事業で事前に教師と保育者が相談をするというだけではなく、年間を通して子どももペアを作って交流を深めています。さらに教師と保育者だけではなく、交流前に小学生に具体的に５歳児との交流の流れを示し、そしてこんな時にはどんな対応を自分たちがするかを事前に具体的に考えさせた上での交流が行われました。例えば久しぶりに出会う交流最初の場面で５歳児が緊張したらどうするかという問い掛けに「『久しぶり』と話しかける」「面白い話をする」「夏休みのことを話す」「少しづつ会話をはずませる」

「せなかをなでて声をかける」「相手の好きな話をする」など、5年生の児童自身が具体的に考えて自分の考えを表現していました。そしてそれらの考えを交流し、イメージを具体的にもってから関わっていました。またどんな環境だったら関わりやすいかを、交流する空間での具体的な環境構成について5年生自身がデザインして図に描きながら考えていました。だから実際の交流でも5年生が先に引っぱったりすることなく、5歳児に合わせて腰をかがめたり視線を同じ高さに合わせたりしながら関わる姿が数多く見られました。また話し掛けたり相手の言葉を聴き取ったりする姿にも、同年齢だけでは得られない場になっていることが感じられました。あらかじめ決められたプログラムをこなすだけではありません。時には5年生がモデルを見せたりもしますが、そのうち5歳児と関わりながら、遊びを5年生も一緒になって工夫したり新しい遊び方を加えたりしながら関わる姿も見られました。交流というと、教師と保育者で決めた事前の展開をその通りに教師と保育者が行って終わりという実践が多いように思います。しかし事前に両方のねらいをよく交流し、5歳児の方も理解しているからこそ、教師らは黒子になって子ども同士の関わりの豊かさをよく見取り、子ども同士の交流の中で観られた具体的な素敵な姿を写真等で捉え、交流後に話すこともされていました。常に前に出て教師や保育者が交互に話していないと落ち着かない交流実践が多い中で、稀有の醍醐味です。「5歳の子が大縄が跳べてよかった」「楽しんでくれてよかった」「ペアの子のすき

なことができました。うれしそうにしてよかったです」「また遊びたいとか、たのしかったなどいろいろ言ってくれてうれしかった」など、5年生が5歳児の喜びを我がこととして喜ぶことができていました。子ども同士の絆が深まる姿に、教師も保育者も共に喜びながら教育のありようや子どもの可能性を感じるところに、保幼小連携の真の醍醐味はあると確信した1日でした。

●—— 情報発信の工夫が絆を深める
園からの情報発信がもたらす対話

　イタリアのドキュメンテーションやニュージーランドのラーニングストーリーなどの影響を受けて、園での写真を用いた掲示などが、どの園でも「見える化」として行われるようになってきています。ただそこで大事なのは、掲示をするということだけではなく、子どもの何をどのようにみているのか、保育者がその掲示で保護者に伝えたいとした思いが伝わり、そして保護者がまたその思いを受けて、園において保育者と対話をしたり、そのことをきっかけに家庭で子どもと会話が始まったり、さらには園での活動がご自宅での子どもの生活とつながったり、反対に家庭の出来事が園につながったりすることではないかと考えられます。

　私が『写真で語る保育の環境づくり』(ひかりのくに)の本を一緒に作成させていただいた社会福祉法人湘北福祉会あゆのこ保育園での園内研修に、先日もうかがわせていただきました。そこでは写真掲示からさらに一歩、保育者の皆さんの智慧で進めた工夫を学ばせてもらうことができました。その一つは、子どもたちが「こんなものを使って遊びました」という記述と写真だけではなく、これまでであれば活動が終わると片付けていた実物の一部を、実際にお迎えのときまで置いておいて、掲示だけではなく、手に取って見てもらえるようにしてみるということです。写真や言葉だけではなく実際に手に取っ

て見ることができます。それによって園でしたことの報告だけではなく、ご家庭でもこんなものなら作ってみようかなと、家庭でどのような遊びをしたらよいか分からないという第一子の保護者などへの遊びの伝授にもつながるということです。布などでも、実際に使ったものを掲示とともに下げておくことで、触ってみて「家でもやってみよう」というような発想をおもちになり、実際にそれを報告してくださった保護者の方もおられたとのことです。また子どもが収穫した野菜なども実物を保護者も見ることで、家庭での話題や保護者の保育者からの報告への納得感が高まってきます。こうしたことが、遊びや生活の連続性や発展性をお伝えすることにもなります。

　また第2には、園の出来事についての情報発信だけではなく、保護者が今こんなことで困っているというように子育てで困っていることなどの声を耳にしたことをすぐに取り上げ、「園ではこんなふうに対応をしていますよ」とお伝えする掲示を作成するというように、園からの実践だけではなく、家庭の子育てとつなぐ話題提供もするということです。また第3には、掲示をするという話は多いのですが、園内のどこに貼ったらより多くの人が止まって見てくれるかを検討してみられました。その場所の工夫でより多くの人が止まって見てくれるようになったという報告や、また子ども向けに具体的な目標を立ててシールやシートを作ったことを保護者にも伝えることで、協力を得られたりするという成果も生まれてきました。いずれもいわゆる海外の記録法や掲示事例にはない視点です。

情報発信は子どもも見るし、同僚も見ることができます。また第４に地域のことを紹介したりする掲示で、多忙で地域のことをよく知らない保護者や子と地域の出来事や場をつなぐ機会にもなります。こうした保育者の創意工夫が様々な出会いの連鎖を生み出すきっかけを生み出していきます。こうした情報発信にとどまらず、活動の広がりの輪と絆の深まりの日本独自、園独自の智慧にこそ学びたいと思います。

●── 文化を生かした実践によって質を上げよう

園のお家芸

　保育の量的拡大がうたわれ、多様な保育形態の保育施設が増えていっています。家庭のニーズに応じてどの子も保育を受けられることは重要なことです。しかし、保育や幼児教育の質を考えたときに大事にしたいことは、子どもたち一人ひとりの育ちの権利を十分に保障し、また保育にあたる保育者自身が保育をする喜びを感じ、誇りをもって自分の園の保育や子どもたちの育ちを語ることができることです。そしてそれらのいとなみによって地域や保護者から信頼され愛される園になることではないかと考えます。そのためには一定の最低基準を超えていることは前提ですが、もう一方ではビジョンをもち、園の文化が長く根付いて持続可能な、その園の良さや風土が醸成されることが大事です。それはマニュアルでどの園も同じように動き、同じような絵本や遊具を置いて行う園とは違う、各園ならではの持ち味のある遊びを生み出していくことにつながるのではないでしょうか。あるパッケージ化されたスタンダードやマニュアルによって質を上げる動きに対して、ビジョンをもって各園や地域の文化を生かした実践によって質を上げる動きは、おそらく両輪となって考えられなければならないでしょう。山登りの道は複数あります。

　私が現在座長をさせていただいている公益財団法人日本教材文化研究財団の保育部門では、子どもたちの創造性を育む保

育の実践事例を持ち寄って、創造性を育成するためには、園のシステムとして、また個々の保育者や環境として何が必要なのかというデザインの原理やあり方の検討の研究会を2016・2017年度に行っています。2017年3月告示の幼稚園教育要領では幼児期の終わりまでに育ってほしい10の姿が挙げられています。しかしそれを園としてどのように育成をしたらよいのか、その道筋は園に任されており、実はいわゆる大原則以外に記述はありません。特に感性や表現などを要する創造性の育成プロセスの事例はまだまだ手つかずの状況です。

　その研究会の中で、ある園の園長先生が事例を報告されるときに「園のお家芸」という言葉を用いて、毎年その園ならではでくり返されて生まれる活動の大切さを話してくださいました。また、それは単なる模倣やくり返しだけではなく、その活動にこそ子どもは安心して培われたスキルを発揮し、創造性がみられるということも話されました。炊飯器でも便座でも暮らしの生活用品の質の高さにおける日本の強みは、マイナーチェンジを積み重ねながら、他国には及びのつかない卓越した品質の高い物や暮らしを生み出していくという文化にあります。園の保育もそうではないか、そうありたいと語ってくださいました。読者の皆さんの園のお家芸はと訊かれたときに、いわゆる行事だけではなく日々の遊びの中でどのようなことが挙げられるでしょうか。園らしい、その園ならではの遊びが生まれるには、それとセットになってその園ならではの遊びに子どもが挑戦するのを容認するための環境やモノの工夫や共有

のルールがあります。そしてそうしたことを子どももあこがれをもって自分より年上の取り組みを観てまた伝承していっています。「創造性は1日にして成らず」。大人ではなく、子どもが編み出した遊びとしての園のお家芸に注目してみてはどうでしょうか。

●── 自分事から私たち事へ
学び上手の保育者が育つために

　保育士のキャリアアップ研修体系が制度化され、平成30年度から様々な研修が全国で行われます。こうした研修体系を作ったとしても、研修する側が実践の質に寄与するためにというマインドセットをもつことと、研修を受ける側が研修で得る情報をいかに学び上手になって学べるかが、その成否を決めるための鍵になると思います。研修が実践につながり、子どもたちに還る経路がきちんとつくられている保育者や園と、そうではない保育者や園の場合もあるのが現実です。私が一度の研修で、人が変わることを期待しているということでは決してありません。今度の研修体系の中では、講義とともに、演習や小グループでの活動などを含むことが求められています。自園の事例を互いに紹介したり、他の園や他の保育者の事例を通して聴き合い対話を深めることになります。

　そこで大事なのは聴き合いであり、学び上手な人はその事例と自己の実践との関わりをうまくつなげることのできる思考回路や思考様式ができていると思うのです。

　まず他者の話を聴くと、最初に様々な印象を受けるでしょう。「こんな印象や気分になった」という情動的な感覚、心動かされることがまず大事です。そしてその時に、それをなんらかの形で我が事、自分事としてつなげて思えたり考えられるならば関与感は高まります。しかし「あの園だからできる、私の園

とは違う、うちの園や私のクラスの方がもっとよくできている」など、比較の眼で優越感を感じたり、情報として物知りになったか、自分はできているかいないかのみでみると他人事となり、その事例の学びへの関与感は下がります。私は、経験を積むことでしなやかさを失ってくる場合に、後者のタイプが、増えてくるように感じています。みずみずしさと対照的です。つまりある出来事との出会いで「あれ、いいね、うーん、えっ、おや」と言うような思いが出てくることが関与感を高めます。「はあ、ひゃー、ふうん、へえ、ほっ」と言うようなときに関与感は下がるのかもしれません。

　そしてその後、それを省察して、①自分の園、クラスと同じあるいは異なる事柄や類似の事物が何か、どこかを分析的に見いだそうとする、②なぜ、どのようにして同じ（違う）と感じるのかを自分の心の中で推察する、③その類似性や相違がどのような意味をもつのか、その背景にある重要な概念（事項）、原理を問うという心の動きが２段階目の鍵になります。これが協議会の中で頭の中で働くか、単なるバズ的おしゃべりで終わるかの分岐点です。

　と同時に、そこからさらに実践化してみようと、①自園、自クラスの何にどのように活かせるかという問題解決の動き、②活かすかどうかだけではなく、保育の見方、考え方としてこのように考えてみてはどうかと、そこから課題を発見探求する心の動き、③なぜこのことが事例として大事な意味をもって取り上げられるのか、その背景にあるそのクラスの子どもや保育

者、園の置かれた社会状況や価値としての保育の難しさとしての難題が子どもの育ちにいかに意味があるのかを、考えようとする思考の働きが大事です。物語って終わりか、そこから子どもたちのために心を砕き、心を寄せる動きができるかです。そして同僚と共有するために、丁寧に記録し、このことはあの人に伝えたいと具体的に仲間を思い浮かべ、そして知識とともに感情も共有できるなら、我が事が私たち事になるでしょう。こうした学び上手に保育者の思考様式がなっていくことが、目には見えないことですが、これからの保育には求められています。

Ⅲ 平成30年改定(訂)からさらなる質向上へ

●── 新指針・新要領等と質向上

「知の共有」実施の手立てを考える

　保育所保育指針等の改定(改訂)が告示されました(2017年3月)。私は、新指針や新要領が、保育の質にどうつながるかを自分事として考えてほしいと伝えるワークショップ型研修をしています。

　新しい指針等は以前と比べてどこが変わったのかと、変更点に目が行きます。その説明を聞いたり、解説書を読んだりもされるでしょう。それらに基づき、自園の教育課程や全体的な計画に手が加えられるでしょう。これまでの改定(改訂)では、勉強して終わりで、指針等は「積ん読」の園も数多くあったのではないでしょうか。

　改定(改訂)直後に、勉強会や研修を行う園や団体は数多くあります。しかし、変更点を確認し、「やっているね。大丈夫」で終わりにしていないでしょうか。有識者が議論を重ねて作り上げた新しい指針や要領も、実践とつなげることを真に引き受けようとしない限り、改定(改訂)者側の自己満足で終わります。これをOECDは「カリキュラム実施段階の問題」と呼んでいます。

　だから私は、園リーダーが指針等をどう活用していくかを学び合う「知の共有」研修を大事に実施しています。職員全員に指針を印刷配布・会議必携にする、タブレット端末で指針等をいつでも見られるようにする、SNSを使い疑問点を共有する、

改訂ポイント別プロジェクトに取り組み事例検討をする、連絡帳やお便りに指針等の言葉を意識して使って書くようにしてみる、活動の記録や掲示に指針等とのつながりを記す、エピソードや写真と指針該当箇所を照らし合わせて語り合う、指針等の特定箇所の文言を用い環境や活動を振り返り自己評価項目として活用する、保幼小連携時に小学校への説明などのために使う、保護者に伝える等々の智慧を各園がいろいろともっておられます。あなたの園は今回の改定(改訂)に際してどうされますか。まず、それを語り合ってみませんか。

●── 様々な様相を意識して子どもの行為を見取る

試行錯誤の過程を考える

　平成30年施行の幼稚園教育要領等の改訂においては、アクティブ・ラーニングとして、主体的・対話的で、深い学びの過程が大事にされています。そしてその深い学びの過程において、「直接的・具体的な体験の中で、見方・考え方を働かせて対象と関わって心を動かし、幼児なりのやり方やペースで試行錯誤をくり返し、生活を意味あるものとして捉える「深い学び」が実現できているか」が問われています。そして「①感触・感覚・感動　②試行錯誤　気付き・発見の喜び　③予想・予測・比較　分類・確認　④規則性・法則性・関連性等の発見と活用」というような流れが言われています。深い学びに至る道筋で試行錯誤の過程が大変大事にされていることが分かります。

　2016年11月に東京学芸大学附属幼稚園小金井園舎の公開研究会に参加させていただきました。研究主題は「試行錯誤する子どもと教師」とまさに時宜を得た研究主題です。そしてそこでは、この試行錯誤をさらに様相を丁寧に分けて捉えておられました。行為自体が目的で対象に合わせて自分が変わり（受動的）、自覚なく関わる段階から、行為は欲求や目的を満たすための手段となり、自分の意志で対象を操作する（能動的）段階、そしてさらにできない自分の自覚がある段階への移行です。その中では「扱う、試す、工夫する、挑戦する」というように行為が変化していき、その結果として、「感覚・運動を中心にして

学ぶ、直感的な仮説を通して学ぶ、これまでの経験や知識を基にした仮説を通して学ぶ、自己課題を追究的に学ぶ」というように、学び方もまたその対象との関わり方によって変化することを、実際のエピソード記録を整理しながら導かれ考察されていました。エピソードの積み重ねから各単位についてどのように学んでいくのかを体系的に整理されており、とても参考になります。

その一方で園での子どもたちの試行錯誤には、一人での対象との関わりの中での試行錯誤だけではなく、仲間と目標やイメージを共有しながらの試行錯誤という場合もあります。この場合にはどのような表現が可能となるのでしょうか。おそらく仲間といろいろな意見を交わし合うという社会的過程自体が関与します。そこで主張だけではなく聴くことを優先しないとまとまらないことに気付いたり、折り合いを付けたり、また時には目標や目的は決まっていたと思っていたものが、新たなアイディアが生まれてさらに紆余曲折がある場合も生じるでしょう。しかしその中で仲間と行うことの楽しさや相手のすることを観て学ぶ模倣、さらにそこから「私はこうする」という主張が生まれる中にも試行錯誤はあるでしょう。このように述べると、試行錯誤がよいことのようにみえます。しかし、保育者からみると、こんなことはやってほしくないと思ういたずらや冒険に限って、子どもはくり返しやってみたりすることも多いものです。また園のルールや時間管理が厳しいほ

ど、子どもの試行錯誤は生まれにくいが活動は計画通りに進むというパラドックスが生じます。もっといろいろやってみたいという子どもたちと、この辺でおさめ次のことに進みたいという保育者の思いやルールとの葛藤やジレンマの中に、現実の子どもの試行錯誤はあるのかもしれません。

●── 幼児教育の特徴を4つの視点でみてみよう

幼児期ならではの教育

　保幼小の連携接続の強化が、平成30年度から施行される幼稚園教育要領や幼保連携型認定こども園教育・保育要領、保育所保育指針の中でも語られます。その中で連携接続と同時に、幼児期にしかできない教育とは何かを語ることもまたとても大切でしょう。

　幼児教育の特徴は、小学校以上のような教科書がなく、規範的に学ぶことがなく、文字を中核とした書き言葉とは異なり、話し言葉をメインにする教育の文化です。だからこそ、友達とのおしゃべりの中で自分の生活のことを披瀝したり、自分のことをたくさん語ったりでき、聴いてもらうことの心地よさ、一人ひとりが受け止められ自分の居場所感を感じられることも多いものです。また非言語でのしぐさや、泣き、時には殴ったり投げたりという身体的な行為での表現も、状況によっては共感をされつつ諭されるという対応を子どもは受けます。こうした経験を積むからこそ、自分の情動を場に応じて押さえたり調整することの必要性と同時に、くやしさやかなしさの感情も存分に体験することで相手の気持ちも理解できるようになり、また仲間と共有し一体感をもってつながることもできるのです。

　また教科の系統性の中で、正統で正確な知識の習得に主眼が置かれる小学校以上の教育においては、子どもがそこで勝手な空想をめぐらし主人公になりきってみたり、いろいろな物を別

の物として見立ててみたり、時には嘘もついてみたりといったことは許されません。積み木の世界では、東京スカイツリーもパリのエッフェル塔もバルセロナのサグラダ・ファミリアも一緒の場に作られても、それらの高さがたとえ正確でなかったとしても、誰も文句を言わず、「すごいね。おもしろいね」と相互に想像力の世界を共に生き、一緒になって世界旅行を楽しむことができます。このような経験こそ、現実の世界だけではなく、もう一つの世界への可能性を発想し表現できる創造力を育てていくことになります。

　また小学校以上になると、特別支援教育の子どもたちはその状況に応じて別の学級や学校になったり、同じクラスであったとしても違うことをしていても許されたり、時にお客さん扱いされたりという状況が生じることが増えます。しかし幼児期には、誰でもが一緒に遊ぶこと、その子はそのような子としての存在をありのままで受け入れられ、その子が一緒に遊べるようにと周りの子どもたちが工夫をしたりして、共生しています。その意味で、大人の線引きではなく、多様性を当然のこととして受け入れるインクルージョンの感覚や感性が培われます。

　また地域の文化や場所、行事などが大事にされるのも、園ならではのことです。お雛様を自分たちで作って楽しんだり鑑賞しながら物語をつくったり、そのいわれや歴史を聴いたりなども、小学校以上になれば少なくなります。その意味では幼児期にしか十分には経験できないことが、数多くあります。そし

てそれは集団の仲間がいてこそというところが多いのです。

　小規模保育の中で3歳以上の幼児の受け入れが、特区では認められるそうです。その状況下で前述のような教育がどこまで保障されるでしょうか。一人ひとりの子どもにとっては二度はない、幼児の大切な時期を、その時期ならではの教育とは何かを意識して十分に前述のような体験を保障してあげたいと思います。それが幼児期の教育とその政策に関わる大人の良心と良識ではないでしょうか。

● ── 改定(訂)の先にある姿を見つめて

改定(訂)への私の思いと心意気

　平成10年、平成20年の幼稚園教育要領の改訂、平成20年、29年の保育所保育指針の改定、そして平成26年の幼保連携型認定こども園教育・保育要領の作成と平成29年の改訂と、3回の改訂(改定)作業に関わらせていただく機会に恵まれました。初めて関わったときは委員として参画し理解するのに精一杯、2回目には要領と指針をつなぐ自分の役目を考えた解説に努め、3度目になって初めて、変動する時代状況の中でどこを目指してなぜ改訂・改定が今必要なのかを国際動向や社会状況の理解とともに感じ説明できるようになりました。

　学習指導要領が10年ごとに変わるから幼稚園教育要領も保育所保育指針も連動して変わります。だから、幼保連携型認定こども園教育・保育要領もという変え方ではない喫緊の必然性が、今回の改訂(定)にはあります。この10年間で子どもをめぐる保育や幼児教育はそれだけ大きく変わり、子ども・子育て支援新制度という制度改革と世界の保育・幼児教育の内容等の変化、これからの急速に変化する社会を見通したときに、乳幼児期の保育・教育は未来を見据えて今新たな価値や見方へと創りかえていかなければならないだろうと感じます。カリキュラム改訂(定)は、どの施設でも幼児期の教育の質を上げることへの大きな梃子の一つになるからです。

　そのためには、柱となるナショナルカリキュラムが施設形態

によらず同一内容を基準とし、将来に求められる資質を皆が共有理解し、園で培った資質を小学校以上でもさらに伸ばしていけるよう円滑につながる接続の道筋を作ることが必要になります。乳児保育ニーズの増大の中で、カリキュラムの構造を０歳からの保育で何が教育の中核になる内容かを示したことは、どのように人が育ち、発達とともにそのカリキュラムがいかに分化して捉えられるのかの道筋の地図を示したことになります。国としてどの子にも育ってほしい資質、そのためにどのような内容の経験を保障し、それをどのように園で家庭と連携しながら育てるのかを示した基準が、指針や要領です。だからこそそれはあくまでも骨格であり、肉付けをし、そこに血が通うようにするのは園の保育者の自律的な仕事なのです。この認識が必要です。国によってカリキュラム記述の詳しさや細かさは異なり、マニュアルのように細かく記載している国と日本のように概要を記している国があります。後者は、園への信頼に基づき保育者の自律的判断に委ねる部分が大きい国です。だからこそ、その実施の吟味と評価こそ問われなければなりません。また保育内容を能力別領域で編成する国と経験活動内容別領域で構成するカリキュラムの国があり、我が国は後者です。こうした国は東アジアにしかありません。だから「できるかどうか」の「行動やその背後の能力」ではなく、日々の子どもの生活の中の「姿」が問題となるのです。

　カリキュラムの改訂（定）では多様な位置取りの人や園が表

れそこに教育保育産業が絡みます。委員になった人はその内容を説明伝達する仕事を得る役回りとなり、さらにその内容を理解し具体的に実践事例とつないで分かりやすく解説する仕事を担う人もいれば、改訂の危険性や表現に異議を申し立て警鐘を鳴らす役回りを担う人もいます。また改訂(定)の売りの部分をいち早く受け入れやってみる園もあれば、皆でゆっくり噛み砕いて理解してから取り組もうとする園、批判しこのままがよい、独自の理念を貫くので関係ないとする園などもあります。改訂(定)をめぐる人間模様、園模様の構図が私立や民営の多い我が国だからこそあります。しかしそのような違う方向性の人々が、場を同じくして真に対話をすることなく、これからもこの散らばりのまま進むことでよいのでしょうか。今回の改訂(定)を含む制度改革には、多くの公的資金が投じられていることは、どの園も保育・教育内容に公的説明責任をもっていることを意味します。賛否や不安と期待を率直に出しつつカリキュラムについて語り合い、理解を深め、その園らしい実践の向上につながる回路を生み出すことが大切ではないでしょうか。

　これまでの作り手側からの上意下達の伝達説明から、実践者が参画主導したカリキュラム理解に向かう対話への変革がカリキュラム実施の段階では必要です。園でこのように教育課程や全体的な計画等を計画してカリキュラムを作り、実践をし、どのように子どもの育ちをみることができたのか、子ども

の経験がこのようになってきたというより良い育ちへの経験のカリキュラムの議論がなされることがこれからのカリキュラム改訂（定）では必要なのです。「国のカリキュラムに基づく自治体や園の教育課程や全体的な計画の作成―カリキュラムに基づき実施した活動の記録―そしてそのカリキュラムで子どもが経験した経験カリキュラムの軌跡の記録―それらの記録に基づく園カリキュラムの見直しと改訂」のサイクルについての語りが園でのカリキュラム実施の議論には最も大切です。改訂（定）はあっても、このサイクルには改訂（定）に関わる委員も含め、十分言及してこなかったように思います。本当にカリキュラムで保育の質を良くするために大事なことは、このサイクルをこれから園が大事にしたい資質や保育方法とともに語り、実施しモニタリングし、計画―指導や支援―子どもの姿からの計画評価―改善のサイクルを回し続けることなのです。

　創ることに関わった人には、指針・要領の中のわずかな表現にみえる言葉の中に込めた思いやこだわりがあります。しかしそれは文書上ではなかなか見えません。例えば、今回の「育ってほしい姿」「学びに向かう力」などの語にはスポットライトが当たるでしょう。そしてそのハイライトの言葉の背後に込めた理念や思いを直接聞くことも、理解の上では大事です。だがまた一方で、ガイドラインではそのような図となる鍵コンセプトだけでなく、地となる部分すべてが実践のためには大切なのです。総則等の深い理解こそが本質です。防災も食育も新し

く書かれていますが、世界各国のカリキュラムと比べてみることで、これほどこまやかに当該内容が書かれているカリキュラムは他国にないことが分かるでしょう。それが乳児期からの食文化を大切にし、また震災体験の惨事を経験してきた日本だからこその教育的価値の表れでもあります。

　また一方で意識してみるとよいのは、今回のカリキュラム改訂(定)ではあまり書かれていないことで将来的に議論すべきは何かということです。書かれた部分だけではなく、書かれていない部分が何かを意識することで、光と影、地と図が見えてくることもあります。国際的な比較で見れば、たとえば先進国では市民性に関わる内容を多くの国がこの10年の中で幼児期カリキュラムに大きく書き加えています。それに比べると日本では、インクルージョンの視点は入れられてはいますが、民主的市民の育成のための記述は弱いです。むしろ国旗や国歌の項目が指針や教育・保育要領のすべてに今回含まれたという点では強化された部分でもあります。こうした価値や動向を自覚することは、ナショナルカリキュラムとは何かを実践者が理解することにもなるでしょう。また地域で大事なこと、園で大事なことを具現化する価値をカリキュラムは含むものだということも理解されるでしょう。

　改訂(定)が直後の一過性のブームで終わるのではなく、改訂(定)によって、乳幼児期の子どもの育ちが前の指針、要領、教育・保育要領よりも、確かに良くなったということが本当は

必要なのです。小学校以上ではそれが学力テスト等で示されるので敏感であるのに対し、乳幼児教育ではこのように問われることがありえないだけに、「育っているはず」で良しとされる傾向が強いです。でも、園で一人ひとりの子どもの育ちのプロセスを責任をもってこのようにみつめ、育ちを保障する形成的な保育をしていますよと子どもの可能性を見いだし、子どもの育ちを見える化し、喜び合える保育者と保護者集団や風土を培っていくことこそ、改訂（定）の先にある園の姿ではないでしょうか。

　伝達講習の話を聴いて教育課程や全体的な計画等の当該部分の文書は変えてみたけれど、あとは指針や要領は積ん読にしてそのうち忘れ、保育は特段変わらないという現象から、改訂（定）を契機にさらに保育に関わる会話の楽しみが園で増えたといえる工夫を園が智慧とひと手間をかけて行っていくことこそ、これから一緒に皆で考えていきたいものです。改訂（定）カリキュラムの急速な普及ではなく、カリキュラム改訂（定）の定着と実践化にそれがつながっていくでしょう。湖面に投げた一つの石が波紋の輪を静かにひろげていきます。それが表面だけではなく、年輪のようにしっかりと根を張り実践を通して積み重なり、子どもや保護者、保育者の幸せにつながることを、私は今回の改定（訂）に関わりながら祈るような思いで願っています。そして言いっぱなしの学者ではなく、私もまたそのことの実現に向けて保育の場で共に学び関わっていく一人でありたいと思います。

おわりに

　終わりまでお読みいただき、本当にありがとうございます。前2著に続き今回も、学校法人亀ヶ谷学園宮前幼稚園の亀ヶ谷忠宏先生が撮影された写真をご提供いただき、花を添えていただきました。元々写真と本文が時や場を同じくして撮られたり関係していたものではありません。しかしこれらの写真を通して、子どもや保育者、保護者の笑顔の美しさに私たちは心惹かれ、満たされ、そして励まされる思いがします。この写真撮影の視座に、私は園の中に居る人々の魅力をいかに捉え見つめるのかという、園長先生の保育の見方を学ばせていただいていると思っています。膨大な写真の中のごくわずかを白黒でしか紹介できないのが残念な限りです。

　そしてその写真の選択をはじめ、本著全体の編集には、ひかりのくに書籍編集部の安藤憲志さんが心砕いてあたってくださいました。ひかりのくにの岡本社長にはこれまでも『写真で語る保育の環境づくり』や保育雑誌『保育とカリキュラム』でお世話になってきました。歩みの遅い著者に伴走くださり、いつも励ましを与えてくださっていることに感謝御礼を申し上げます。

　そして本著の元である日本教育新聞の記事では編集の渡部秀則さんに、教育ＰＲＯでは佐藤安市さんに、私の書きたいことをそのまま書いてよいと言っていただき、毎月毎月の

執筆に長期間ずっと同行いただきコラムを書き続けてきています。そうした方々の毎回の編集があっての6巻目の本著となっています。2年間の時間をかけて歩みつつ書きとどめ創ってきた本です。そしてその中身は、保育者ではない私に、いろいろなことを教えてくださった多くの園の子どもたちと保育者や園長先生、国や自治体の関係者の方々、共同研究仲間や東大発達保育実践政策学センターの同僚たちのおかげで生まれたものです。

　「新聞の記事、楽しみに読んでいます」と全国の様々な場の研修にうかがうとお声を掛けていただきます。そのことで、私が初めてうかがう地でも読んでくださる多くの方がおられたり、研修や職員会議でこのシリーズを取り上げてくださっていることを知り、うれしく思っております。また小中学校の校長先生や先生方も「毎回読んでいますよ」とお話をいただく機会がとても多くなり、保幼小中連携への理解への私なりの一助にと思ってきました。こうした方々の励ましの声が、これからの保育のあり方への私自身の心意気となり、大きな後押しの力をいただいてきました。文章も内容も不十分なものですが、日々の保育の気付きにつながる一片の出会いのご縁が本著のどこかにあればと願っております。

秋田 喜代美

初出掲載誌一覧

I

P.10 ＝日本教育新聞（日本教育新聞社）‥‥‥2015年　3月16日
P.12 ＝日本教育新聞（日本教育新聞社）‥‥‥2015年　4月6日
P.14 ＝日本教育新聞（日本教育新聞社）‥‥‥2015年　4月20日
P.16 ＝日本教育新聞（日本教育新聞社）‥‥‥2015年　5月4日
P.18 ＝日本教育新聞（日本教育新聞社）‥‥‥2015年　5月18日
P.20 ＝日本教育新聞（日本教育新聞社）‥‥‥2015年　6月1日
P.22 ＝日本教育新聞（日本教育新聞社）‥‥‥2015年　6月15日
P.24 ＝日本教育新聞（日本教育新聞社）‥‥‥2015年　7月6日
P.26 ＝日本教育新聞（日本教育新聞社）‥‥‥2015年　7月20日
P.28 ＝日本教育新聞（日本教育新聞社）‥‥‥2015年　8月3日
P.30 ＝日本教育新聞（日本教育新聞社）‥‥‥2015年　8月24日
P.32 ＝日本教育新聞（日本教育新聞社）‥‥‥2015年　9月14日
P.34 ＝日本教育新聞（日本教育新聞社）‥‥‥2015年　9月28日
P.36 ＝日本教育新聞（日本教育新聞社）‥‥‥2015年　10月12日
P.38 ＝日本教育新聞（日本教育新聞社）‥‥‥2015年　10月26日
P.40 ＝日本教育新聞（日本教育新聞社）‥‥‥2015年　11月9日
P.42 ＝日本教育新聞（日本教育新聞社）‥‥‥2015年　11月23日
P.44 ＝日本教育新聞（日本教育新聞社）‥‥‥2015年　12月14日
P.46 ＝日本教育新聞（日本教育新聞社）‥‥‥2016年　1月18日
P.48 ＝日本教育新聞（日本教育新聞社）‥‥‥2016年　2月1日
P.50 ＝日本教育新聞（日本教育新聞社）‥‥‥2016年　2月15日
P.52 ＝日本教育新聞（日本教育新聞社）‥‥‥2016年　3月7日
P.54 ＝日本教育新聞（日本教育新聞社）‥‥‥2016年　3月21日
P.56 ＝日本教育新聞（日本教育新聞社）‥‥‥2016年　4月4日
P.58 ＝日本教育新聞（日本教育新聞社）‥‥‥2016年　4月18日
P.60 ＝日本教育新聞（日本教育新聞社）‥‥‥2016年　5月2日
P.62 ＝日本教育新聞（日本教育新聞社）‥‥‥2016年　5月16日
P.64 ＝日本教育新聞（日本教育新聞社）‥‥‥2016年　6月6日
P.66 ＝日本教育新聞（日本教育新聞社）‥‥‥2016年　6月20日
P.68 ＝日本教育新聞（日本教育新聞社）‥‥‥2016年　7月4日
P.70 ＝日本教育新聞（日本教育新聞社）‥‥‥2017年　1月23日
P.72 ＝日本教育新聞（日本教育新聞社）‥‥‥2017年　2月6日
P.74 ＝日本教育新聞（日本教育新聞社）‥‥‥2017年　2月20日

Ⅱ	P.78　＝教育PRO（株式会社ERP）・・・・・・・・・・・2015年　3月	
	P.81　＝教育PRO（株式会社ERP）・・・・・・・・・・・2015年　4月	
	P.83　＝教育PRO（株式会社ERP）・・・・・・・・・・・2015年　5月	
	P.85　＝教育PRO（株式会社ERP）・・・・・・・・・・・2015年　6月	
	P.87　＝教育PRO（株式会社ERP）・・・・・・・・・・・2015年　7月	
	P.90　＝教育PRO（株式会社ERP）・・・・・・・・・・・2015年　7月21日	
	P.93　＝教育PRO（株式会社ERP）・・・・・・・・・・・2015年　8月25日	
	P.96　＝教育PRO（株式会社ERP）・・・・・・・・・・・2015年　9月	
	P.99　＝教育PRO（株式会社ERP）・・・・・・・・・・・2015年　10月	
	P.102＝教育PRO（株式会社ERP）・・・・・・・・・・・2015年　11月	
	P.105＝教育PRO（株式会社ERP）・・・・・・・・・・・2016年　1月	
	P.108＝教育PRO（株式会社ERP）・・・・・・・・・・・2016年　2月	
	P.111＝教育PRO（株式会社ERP）・・・・・・・・・・・2016年　3月	
	P.114＝教育PRO（株式会社ERP）・・・・・・・・・・・2016年　4月	
	P.117＝教育PRO（株式会社ERP）・・・・・・・・・・・2016年　6月	
	P.120＝教育PRO（株式会社ERP）・・・・・・・・・・・2016年　7月	
	P.123＝教育PRO（株式会社ERP）・・・・・・・・・・・2016年　8月	
	P.126＝教育PRO（株式会社ERP）・・・・・・・・・・・2016年　9月	
	P.129＝教育PRO（株式会社ERP）・・・・・・・・・・・2016年　10月	
	P.132＝教育PRO（株式会社ERP）・・・・・・・・・・・2016年　11月	
	P.135＝教育PRO（株式会社ERP）・・・・・・・・・・・2017年　1月	
	P.138＝教育PRO（株式会社ERP）・・・・・・・・・・・2017年　3月	
Ⅲ	P.142＝日本教育新聞（日本教育新聞社）・・・・・・2017年　3月6日	
	P.144＝教育PRO（株式会社ERP）・・・・・・・・・・・2016年　12月	
	P.147＝教育PRO（株式会社ERP）・・・・・・・・・・・2017年　2月	
	P.150＝未発表原稿	

●著者紹介

秋田　喜代美（あきた　きよみ）

東京大学大学院教育学研究科教授。
東京大学大学院教育学研究科附属発達保育実践政策学センター センター長。
東京大学文学部社会学科卒業。(株)富士銀行勤務。
退職、第一子出産後東京大学教育学部学士入学。
東京大学大学院教育学研究科博士課程修了。博士(教育学)。
東京大学教育学部助手、立教大学文学部助教授を経て現職。

主な著書
『知を育てる保育』『保育の心もち』『保育のおもむき』『保育のみらい』『保育の温もり』『続 保育のみらい』『秋田喜代美と安見克夫が語る写真で見るホンモノ保育』『秋田喜代美の 写真で語る保育の環境づくり』(以上、ひかりのくに)
『「保育プロセスの質」評価スケール──乳幼児期の「ともに考え、深めつづけること」と「情緒的な安定・安心」を捉えるために』(明石書店 2016 共訳)
『あらゆる学問は保育につながる』(東京大学出版会 2016 監修・共著)

●写真提供　学校法人亀ヶ谷学園　宮前幼稚園 園長　亀ヶ谷忠宏

保育の心意気　続々 保育の心もち

2017年5月　初版発行
2017年6月　2版発行

著　者　秋田　喜代美
発行者　岡本　功
発行所　ひかりのくに株式会社
〒543-0001　大阪市天王寺区上本町3-2-14　郵便振替 00920-2-118855
〒175-0082　東京都板橋区高島平6-1-1　郵便振替 00150-0-30666
ホームページアドレス　http://www.hikarinokuni.co.jp
印刷所　図書印刷株式会社

乱丁・落丁はお取り替えいたします。　　　　　　　　　　Printed in Japan
検印省略 ©Kiyomi Akita 2017　　　　　　　　　　　ISBN978-4-564-60901-5
　　　　　　　　　　　　　　　　　　　　　　NDC376　160P 19×14cm

本書のコピー、スキャン、デジタル化等の無断複製は著作権法上での例外を除き禁じられています。本書を代行業者等の第三者に依頼してスキャンやデジタル化することは、たとえ個人や家庭内の利用であっても著作権法上認められておりません。

・JCOPY ＜出版者著作権管理機構 委託出版物＞
本書の無断複製は著作権法上での例外を除き禁じられています。複製される場合は、そのつど事前に、出版者著作権管理機構(電話 03-3513-6969、FAX 03-3513-6979、e-mail: info@jcopy.or.jp)の許諾を得てください。